地中海の美味しさ

地中海の旅をしながら、美味しい料理を作ってみよう

アンナ・カトリーナ

概要

ブロッコリーサラダ

準備時間：10分

調理する時間： 15分

サービング: 6

難易度：中

材料：

- ベーコン 10枚
- 新鮮なブロッコリー 1 カップ
- 赤玉ねぎ 1/4 カップ、みじん切り
- レーズン ½カップ
- 白ワインビネガー 大さじ3
- 白砂糖 大さじ2
- マヨネーズ 1カップ
- ひまわりの種 1カップ

適応症:

焦げ付き防止のフライパンでベーコンを中火で焼きます。水気を切り、砕いて保存します。ブロッコリー、タマネギ、レーズンを中くらいのボウルに入れます。小さなボウルに酢、砂糖、マヨネーズを入れて泡だて器で混ぜます。ブロッコリーの混合物に注ぎ、かき混ぜます。少なくとも 2 時間冷まします。

提供する前に、砕いたベーコンとヒマワリの種でサラダをトスします.

栄養価（100gあたり）：559 カロリー 脂肪 48.1 g 炭水化物 31 g タンパク質 18 g ナトリウム 584 mg

ほうれん草といちごのサラダ

準備時間：10分

調理する時間：0分

サービング: 4

難易度：やさしい

材料：

- ごま 大さじ2
- ポピーシード 大さじ1
- 白砂糖 1/2カップ
- オリーブオイル 1/2カップ
- 1/4カップの蒸留白酢
- パプリカ 小さじ1/4
- ウスターソース 小さじ1/4
- 玉ねぎのみじん切り 大さじ1
- 10オンスの新鮮なほうれん草
- イチゴ 1 リットル - 皮をむき、スライスしたもの
- ブランチングしてスライスしたアーモンド 1/4 カップ

適応症:

中くらいのボウルに、同じ種、ケシの実、砂糖、油、酢、パプリカ、ウスターソース、タマネギを入れます。カバーして1時間冷まします。

大きなボウルに、ほうれん草、いちご、アーモンドを混ぜます。サラダにドレッシングをかけ、トスする。冷蔵庫で10～15分冷やしてからお召し上がりください。

栄養価（100gあたり）：491カロリー 脂肪35.2 g 炭水化物42.9 g タンパク質6 g ナトリウム691 mg

ロックフォールチーズの梨サラダ

準備時間：20分

調理する時間：10分

サービング:2

難易度：中

材料：

- レタスの葉1枚、細かく切る
- 梨3個 - 皮をむき、種を取り、さいの目切りにする
- 砕いたロックフォール5オンス
- アボカド1個 - 皮をむき、種を取り、みじん切りにする
- チャイブのみじん切り 1/2カップ
- 白砂糖 1/4カップ
- ピーカンナッツ 1/2カップ
- オリーブオイル 1/3カップ
- 赤ワインビネガー 大さじ3
- 白砂糖 小さじ1.5
- マスタード 小さじ1 1/2
- 小さじ1/2の黒胡椒塩
- にんにく1かけ

適応症:

1/4カップの砂糖とクルミをフライパンで中火で混ぜ合わせます。砂糖がナッツとカラメル状になるまで、静かにかき混ぜ続

けます。ナッツを慎重にワックス紙に移します。冷ましてバラバラにします。

ビネグレットには、オリーブ オイル、マリネ、砂糖大さじ 1.5 、マスタード、刻んだにんにく、塩、こしょうを混ぜます。

レタス、洋ナシ、ブルーチーズ、アボカド、チャイブを深いボウルに混ぜます。ビネグレットをサラダにのせ、ナッツをふりかけてお召し上がりください。

栄養価（100gあたり）：426 カロリー 脂肪 31.6 g 炭水化物 33.1 g タンパク質 8 g ナトリウム 481 mg

メキシカンビーンズサラダ

準備時間：15分

調理する時間：0分

サービング: 6

難易度：やさしい

材料：

- 黒豆 1缶（15オンス）、水気を切る
- 赤インゲン豆 1缶（15オンス）、水気を切る
- 白インゲン豆 1缶（15オンス）、水気を切る
- 1ピーマン、みじん切り
- 1 赤ピーマン、みじん切り
- 冷凍コーン粒 1パック
- 赤玉ねぎ 1 個、みじん切り
- 新鮮なレモン汁 大さじ2
- オリーブオイル 1/2カップ
- 赤ワインビネガー 1/2カップ
- レモン汁 大さじ1
- 塩 大さじ1
- 白砂糖 大さじ2
- にんにくのみじん切り 1片
- 刻んだコリアンダー 1/4 カップ
- 挽いたクミン 大さじ1/2
- 挽いた黒胡椒 小さじ1/2

- チリソース 1ダッシュ
- チリパウダー 小さじ1/2

適応症:

大きなボウルに豆、パプリカ、冷凍コーン、レッドオニオンを入れます。オリーブ オイル、ライム ジュース、赤ワイン ビネガー、ライム ジュース、砂糖、塩、ニンニク、コリアンダー、クミン、黒コショウを小さなボウルに入れ、ホット ソースとチリ パウダーで味付けします。

野菜の上にオリーブオイルを添えたビネグレットソースを注ぎます。よく混ぜます。よく冷やして、冷やしてお召し上がりください。

栄養価（100gあたり）：334 カロリー 脂肪 14.8 g 炭水化物 41.7 g タンパク質 11.2 g ナトリウム 581 mg

スイカサラダ

準備時間：20分

調理する時間：0分

サービング: 6

難易度：中

材料：

- 海塩小さじ¼
- 黒コショウ 小さじ¼
- バルサミコ酢 大さじ1
- メロン 1 個
- 12個のスイカ、小さくて種なし
- 新鮮なモッツァレラチーズ 2 カップ
- 1/3 カップの新鮮なバジル、みじん切り
- スプーン2杯。油

適応症:

メロンボールをこすり落とし、ボウルの上のザルに置きます。メロンボーラーを使ってスイカもスライスし、メロンと一緒に置きます.

果物を10分間水気を切り、別のレシピのためにジュースを冷蔵します.スムージーに加えることもできます。ボウルをきれいにして、果物を入れます。

バジル、オイル、ビネガー、モッツァレラチーズ、トマトを加え、塩こしょうで味を調えます。軽く混ぜて、すぐに、または冷やしてお召し上がりください。

栄養価（100gあたり）：218 カロリー 脂肪 13 g 炭水化物 9 g タンパク質 10 g ナトリウム 581 mg

セロリのオレンジサラダ

準備時間：15分

調理する時間：0分

サービング: 6

難易度：やさしい

材料：

- フレッシュレモン汁 大さじ1
- 小さじ1/4の細かい海塩
- 黒コショウ 小さじ¼
- オリーブブライン 大さじ1
- オリーブオイル 大さじ1
- スライスした赤玉ねぎ 1/4 カップ
- グリーンオリーブ ½カップ
- 皮をむいてスライスしたオレンジ 2 個
- セロリの茎 3 本、斜めに 1/2 インチのスライスにスライス

適応症:

オレンジ、オリーブ、タマネギ、セロリを浅いボウルに入れます。別のボウルに油、塩水、レモン汁を入れて混ぜ、サラダの上にかける。提供する前に塩とコショウで味付けしてください。

栄養価（100gあたり）：65 カロリー 脂肪 7 g 炭水化物 9 g タンパク質 2 g ナトリウム 614 mg

ローストブロッコリーサラダ

準備時間：20分

調理する時間： 10分

サービング: 4

難易度：難しい

材料：

- 1ポンドのブロッコリー、小花と茎に切る
- オリーブオイル 大さじ3
- チェリートマト 半リットル
- はちみつ 小さじ1と1/2
- さいの目に切った全粒粉パン 3カップ
- バルサミコ酢 大さじ1
- 黒こしょう 小さじ½
- 小さじ1/4の細かい海塩
- おろしパルメザンチーズ

適応症:

オーブンを 450 度に予熱し、縁のある天板を引き出します。オーブンに入れて温めます。ブロッコリーに大さじ1杯の油を注ぎ、よく混ぜます。

オーブンから天板を取り出し、その上にブロッコリーを広げます。鍋の底に油を残し、トマトを加えて茶色になるまでかき混ぜ、スプーン一杯の蜂蜜で味付けします。ブロッコリーと同じ鍋に入れます。

約15分間調理し、調理の途中でかき混ぜます。パンを加えてさらに3分焼きます。大さじ2杯のオリーブオイル、酢、残りの蜂蜜を混ぜます。塩こしょうを加える。ブロッコリーの混合物に注ぎ、提供します。

栄養価（100gあたり）：226 カロリー 脂肪 12 g 炭水化物 26 g タンパク質 7 g ナトリウム 581 mg

トマトサラダ

準備時間：20分

調理する時間：0分

サービング: 4

難易度：やさしい

材料：

- きゅうり 1本
- サンドライトマト 1/4カップ、みじん切り
- さいの目に切ったトマト 1 ポンド
- ブラックオリーブ ½カップ
- スライスした赤玉ねぎ 1 個
- バルサミコ酢 大さじ1
- 生パセリのみじん切り¼カップ
- オリーブオイル 大さじ2
- 味に海塩と黒胡椒

適応症:

ボウルを取り、すべての野菜を混ぜます。ソースを準備するには、すべてのソース、油、酢を混ぜます。サラダで味付けし、新鮮なままお召し上がりください。

栄養価（100gあたり）：126 カロリー 脂肪 9.2 g 炭水化物 11.5 g タンパク質 2.1 g ナトリウム 681 mg

ビートサラダ

準備時間：15分

調理する時間：0分

サービング:4

難易度：やさしい

材料：

- 赤ビーツ 6 個、茹でて皮をむく
- 3オンスのフェタチーズ、角切り
- オリーブオイル 大さじ2
- バルサミコ酢 大さじ2

適応症:

すべてをまとめてサーブします。

栄養価（100gあたり）：230 カロリー 脂肪 12 g 炭水化物 26.3 g タンパク質 7.3 g ナトリウム 614 mg

カリフラワーとトマトのサラダ

準備時間：15分

調理する時間：0分

サービング: 4

難易度：やさしい

材料：

- カリフラワー1頭、みじん切り
- 生パセリのみじん切り 大さじ2
- 半分に切ったミニトマト2カップ
- 新鮮なレモン汁 大さじ2
- 松の実 大さじ2
- 味に海塩と黒胡椒

適応症:

レモン汁、チェリートマト、カリフラワー、パセリを入れてかき混ぜ、味付けします。松の実をふりかけ、よく混ぜてからお召し上がりください。

栄養価（100gあたり）：64カロリー 脂肪3.3g 炭水化物7.9g タンパク質2.8g ナトリウム614mg

クリームチーズのピラフ

準備時間：20分

調理する時間： 10分

サービング: 6

難易度：中

材料：

- 長粒の黄色いご飯 2 カップ、揚げたもの
- 玉ねぎ 1カップ
- ネギ 4本
- バター 大さじ3
- 野菜スープ 大さじ3
- 小さじ2杯のカイエンペッパー
- パプリカ小さじ1
- 刻んだクローブ 小さじ½
- みじん切りにした新鮮なミントの葉 大さじ2
- 飾り用の新鮮なミントの葉 1束
- オリーブオイル 大さじ1
- 味に海塩と黒胡椒
- クリームチーズ：
- オリーブオイル 大さじ3
- 味に海塩と黒胡椒
- クリームチーズ 9オンス

適応症:

オーブンを360度に予熱し、トレイを取り外します。バターとオリーブオイルを熱し、玉ねぎとチャイブを2分間炒めます。

塩、コショウ、パプリカ、クローブ、野菜スープ、米、その他の調味料を加えます。3分間焦げ目をつけます。ホイルで包み、さらに30分煮ます。冷まします。

クリームチーズ、チーズ、オリーブオイル、塩、こしょうを混ぜます。新鮮なミントの葉で飾られたピラフを提供します。

栄養価（100gあたり）：364 カロリー 脂肪 30 g 炭水化物 20 g タンパク質 5 g ナトリウム 511 mg

焼き茄子のサラダ

準備時間：10分

調理する時間： 20分

サービング: 6

難易度：やさしい

材料：

- スライスした赤玉ねぎ 1 個
- 生パセリのみじん切り 大さじ2
- タイム 小さじ1
- 半分に切ったミニトマト 2カップ
- 味に海塩と黒胡椒
- オレガノ 小さじ1
- オリーブオイル 大さじ3
- バジル小さじ1
- 3 なす、皮をむいて立方体に切る

適応症:

オーブンを 350 度に予熱することから始めます。茄子にバジル、塩、コショウ、オレガノ、タイム、オリーブ オイルで味付けします。天板に置き、30分焼きます。サービングする前に、残りの材料を振りかけます。

栄養価（100gあたり）：148 カロリー 脂肪 7.7 g 炭水化物 20.5 g タンパク質 3.5 g ナトリウム 660 mg

ロースト野菜

準備時間：5分

調理する時間： 15分

サービング: 12

難易度：やさしい

材料：

- にんにく 6かけ
- オリーブオイル 大さじ6
- フェンネル 1個（さいの目切り）
- ズッキーニ 1 本（角切り）
- さいの目に切った赤ピーマン 2 個
- 立方体に切った大きなじゃがいも6個
- 小さじ2杯の海塩
- ½カップのバルサミコ酢
- みじん切りにして生のローズマリー 1/4 カップ
- 粉末野菜パウダー 小さじ2

適応症:

オーブンを 400 度に予熱することから始めます。ジャガイモ、フェンネル、ズッキーニ、ニンニク、フェンネルをベーキングディッシュに入れ、オリーブ オイルをまぶします。塩、粉末スープ、ローズマリーをふりかける。よく混ぜて、450度のオーブンで30分から40分焼きます。提供する前に、酢を野菜と混ぜます。

栄養価（100gあたり）：675 カロリー 脂肪 21 g 炭水化物 112 g タンパク質 13 g ナトリウム 718 mg

ピスタチオのルッコラサラダ

準備時間：20分

調理する時間：0分

サービング: 6

難易度：やさしい

材料：

- 刻んだケール6カップ
- ¼カップのオリーブオイル
- 新鮮なレモン汁 大さじ2
- スモークパプリカ 小さじ½
- ルッコラ 2カップ
- 1/3 カップのピスタチオ、無塩、殻付き
- すりおろしたパルメザンチーズ 大さじ6

適応症:

サラダボウルにオリーブオイル、レモン、スモークパプリカ、キャベツを混ぜます。葉を30分間やさしくマッサージします。キャベツはよくコーティングする必要があります。サーブする準備ができたら、ルッコラとピスタチオをそっとかき混ぜます。

栄養価（100gあたり）：150 カロリー 脂肪 12 g 炭水化物 8 g タンパク質 5 g ナトリウム 637 mg

パルメザンチーズと大麦のリゾット

準備時間：10分

調理する時間：20分

サービング: 6

難易度：難しい

材料：

- みじん切りの黄玉ねぎ 1 カップ
- オリーブオイル 大さじ1
- 低ナトリウム野菜スープ 4カップ
- 生大麦 2カップ
- 辛口白ワイン 1/2 杯
- 細かくすりおろして分けたパルメザンチーズ 1カップ
- 味に海塩と黒胡椒
- 新鮮なチャイブのみじん切り
- 添えるレモンスライス

適応症:

鍋にスープを入れて中火で沸騰させます。鍋を取り、中火にかけます。玉ねぎを入れる前に油を熱します。8分間調理し、時々かき混ぜます。大麦を加え、さらに2分間調理します。大麦を追加し、トーストするまで調理します。

ワインを加え、さらに1分間調理します。温かいスープを加える前に、ほとんどの液体が蒸発しているはずです。2分間調理してかき混ぜます。あなたの液体は吸収されるべきです。残りのカップスープを加え、1カップが吸収されるまで調理します. 毎回約 2 分かかります。

火からおろし、チーズ半カップを加え、残りのチーズ、チャイブ、レモン スライスを飾ります。

栄養価（100gあたり）：345 カロリー 脂肪 7 g 炭水化物 56 g タンパク質 14 g ナトリウム 912 mg

シーフードとアボカドのサラダ

準備時間：10分

調理する時間：0分

サービング: 4

難易度：やさしい

材料：

- 2ポンドのサーモン、調理してみじん切り
- 2 ポンドの茹でてみじん切りにしたエビ
- アボカド 1 カップ、みじん切り
- マヨネーズ 1カップ
- フレッシュレモンジュース 大さじ4
- にんにく 2片
- サワークリーム 1カップ
- 味に海塩と黒胡椒
- 赤玉ねぎ 1/2 個、みじん切り
- きゅうりのみじん切り 1カップ

適応症:

ボウルににんにく、塩、こしょう、玉ねぎ、マヨネーズ、サワークリーム、レモン汁を入れて混ぜ合わせます。

別のボウルに、サーモン、エビ、キュウリ、アボカドを混ぜます。

マヨネーズ混合物をエビに加え、冷蔵庫で20分休ませてからお召し上がりください.

栄養価（100gあたり）：394 カロリー 脂肪 30 g 炭水化物 3 g タンパク質 27 g ナトリウム 815 mg

地中海のエビのサラダ

準備時間：40分

調理する時間：0分

サービング: 6

難易度：やさしい

材料：

- 1½ポンド。きれいにして調理したエビ
- 新鮮なセロリの茎 2 本
- 玉ねぎ 1個
- ねぎ 2本
- ゆで卵 4個
- 茹でたじゃがいも 3個
- マヨネーズ 大さじ3
- 味に海塩と黒胡椒

適応症:

じゃがいもをスライスし、セロリをみじん切りにすることから始めます。卵を切って味付けします。混ぜあわせる。エビを卵の上に置き、タマネギとチャイブを添えます。

栄養価（100gあたり）：207 カロリー脂肪 6 g 炭水化物 15 g タンパク質 17 g ナトリウム 664 mg

ひよこ豆のパスタサラダ

準備時間：10分

調理する時間：15分

サービング: 6

難易度：中

材料：

- オリーブオイル 大さじ2
- ホイール付き16オンスのパスタ
- ドライオリーブのみじん切り½カップ
- 新鮮でみじん切りにしたオレガノ 大さじ2
- 生パセリのみじん切り 大さじ2
- チャイブのみじん切り 1束
- 赤ワインビネガー¼カップ
- 15 オンスの缶詰ひよこ豆、水気を切り、すすいだ
- すりおろしたパルメザンチーズ ½カップ
- 味に海塩と黒胡椒

適応症:

お湯を沸かし、パスタを袋の表示通りにアルデンテに茹でる。水気を切り、冷水ですすいでください。

フライパンを用意し、油を中火で熱します。エシャロット、ひよこ豆、パセリ、オレガノ、オリーブを加える。火を弱め、さらに20分間焼きます。この混合物を冷まします。

ひよこ豆の混合物をマカロニで味付けし、すりおろしたチーズ、塩、コショウ、酢を加えます。サーブする前に、4時間または一晩冷やしてください.

栄養価（100gあたり）：424 カロリー 脂肪 10 g 炭水化物 69 g タンパク質 16 g ナトリウム 714 mg

揚げ地中海

準備時間：10分

調理する時間：30分

サービング: 4

難易度：中

材料：

- ズッキーニ 2本
- 玉ねぎ 1個
- 海塩小さじ¼
- にんにく 2片
- オリーブオイル 小さじ3
- 1ポンドの鶏の胸肉、骨なし
- 1カップのクイッククッキング大麦
- 2カップの水
- 黒コショウ 小さじ¼
- オレガノ 小さじ1
- 赤唐辛子フレーク 小さじ¼
- バジル 小さじ½
- ダッテリーニトマト 2個
- ギリシャ産オリーブ 1/2カップ
- 新鮮なパセリ 大さじ1

適応症:

鶏肉は皮をむき、小さく切る。にんにくとパセリをみじん切りにし、オリーブ、ズッキーニ、トマト、玉ねぎをみじん切りにします。鍋を用意して水を沸騰させます。大麦を加え、ゆっくりと8〜10分煮る。

火を消す。5分間休ませます。フライパンにオリーブオイル小さじ2杯を入れます。鶏肉に火が通ったらかき混ぜて火から下ろします。残った油で玉ねぎを炒めます。他の材料を混ぜて、さらに3〜5分煮る。熱いうちに。

栄養価（100gあたり）：337 カロリー 脂肪 8.6 g 炭水化物 32.3 g タンパク質 31.7 g ナトリウム 517 mg

きゅうりのバルサミコサラダ

準備時間：15分

調理する時間：0分

サービング: 4

難易度：やさしい

材料：

- 大きな英国のきゅうりの2/3を半分に切り、くさびに切ります
- 中赤玉ねぎの頭の2/3を半分に切り、薄切りにする
- バルサミコ酢 大さじ5 1/2
- 半分に切ったミニトマト 1 1/3 カップ
- 砕いた低脂肪フェタチーズ 1/2カップ

適応症:

大きなボウルにきゅうり、トマト、玉ねぎを入れて混ぜます。ビネグレットを追加します。裏地で遊ぶ。提供するまで冷蔵し、蓋をします。食べる直前にチーズを混ぜます。スロット付きスプーンでお召し上がりください。

栄養価（100gあたり）：250 カロリー 脂肪 12 g 炭水化物 15 g タンパク質 34 g ナトリウム 633 mg

牛肉のケフタパテ キュウリのサラダ添え

準備時間：10分

調理する時間：15分

サービング: 2

難易度：難しい

材料：

- クッキングスプレー
- サーロイン 1/2 ポンド
- 大さじ2と新鮮なパセリのみじん切り大さじ2を分けたもの
- 皮をむいた生姜のみじん切り 小さじ1 1/2
- 小さじ1杯のコリアンダー
- 新鮮なコリアンダーのみじん切り 大さじ2
- 塩 小さじ1/4
- 小さじ1/2の挽いたクミン
- シナモンパウダー 小さじ1/4
- 薄くスライスしたイングリッシュ キュウリ 1 カップ
- 米酢 大さじ1
- 低脂肪ギリシャヨーグルト 1/4カップ
- 新鮮なレモン汁 小さじ1.5
- 挽きたての黒コショウ小さじ1/4

- 1 フォカッチャ (6 インチ)、4 等分にカット

適応症:

中火でグリルを加熱します。鍋にクッキングスプレーを塗ります。牛肉、パセリ 1/4 カップ、コリアンダー、次の 5 つの材料をミディアム ボウルに入れます。混合物を 4 等分し、それぞれを 1/2 インチの厚さのパティに成形します。パテをパンに追加します。両面を好みの焼き加減に焼きます。

きゅうりと酢を中くらいのボウルに入れます。よく入札します。低脂肪ヨーグルト、残りの大さじ2杯のパセリ、ジュース、コショウを小さなボウルに入れます。フエと混ぜる。ハンバーグ1枚とピクルスミックス1/2カップを4つのフライパンで作る。ヨーグルト調味料を大さじ2杯ほど加えます。それぞれに 2 枚のパイを添えます。

栄養価（100gあたり）：116 カロリー 脂肪 5 g 炭水化物 11 g タンパク質 28 g ナトリウム 642 mg

チキンとキュウリのサラダ パセリ ペスト添え

準備時間：15分

調理する時間：五分

サービング: 8

難易度：やさしい

材料：

- 新鮮なパセリの葉 2 2/3 カップ
- 新鮮なほうれん草 1 1/3 カップ
- トーストした松の実 大さじ1.5
- すりおろしたパルメザンチーズ 大さじ1.5
- 新鮮なレモン汁 大さじ2杯半
- コーシャーソルト 小さじ1と1/3
- 黒こしょう 小さじ1/3
- にんにく 1 1/3 片（中）、砕いたもの
- エクストラバージン オリーブ オイル 2/3 カップ
- 刻んだローストチキン 5 1/3 カップ (1 羽分)
- 茹でた皮をむいた枝豆 2 2/3 カップ
- 1 1/2 1 (15 オンス) 缶の無塩ひよこ豆、水気を切り、すすぐ
- みじん切りにしたイングリッシュ キュウリ 1 1/3 カップ
- 解凍したルッコラ 5 1/3 カップ

適応症:

パセリ、ほうれん草、レモン汁、松の実、チーズ、にんにく、塩、こしょうを多目的ボウルに入れます。処理時間約1分。プロセッサーの稼働中にオイルを追加します。滑らかになるまで、約1分間処理します。

鶏肉、枝豆、ひよこ豆、きゅうりを大きなボウルに入れます。ペストを追加します。合わせて混ぜます。

6つのボウルのそれぞれに2/3カップのルッコラを入れます。それぞれに1カップのチキンサラダミックスを飾ります. すぐにサーブします。

栄養価（100gあたり）：116 カロリー 脂肪 12 g 炭水化物 3 g タンパク質 9 g ナトリウム 663 mg

すべての材料を大きなボウルに移します。合わせて混ぜます。パルメザンチーズを加える。

栄養価（100gあたり）： 140 カロリー 脂肪 16 g 炭水化物 10 g タンパク質 24 g ナトリウム 817 mg

ギリシャのワイルドライスとブラウンライスボウル

準備時間：15分

調理する時間： 五分

サービング: 4

難易度：やさしい

材料：

- 2 パッケージ (8-1/2 オンス) すぐに食べられる玄米とワイルド ライス
- 中程度に熟したアボカド 1 個、皮をむいてスライスする
- 半分に切ったチェリートマト 1 1/2カップ
- ギリシャ風ビネグレットソース 1/2 カップ
- 砕いたフェタチーズ 1/2カップ
- ギリシャ産オリーブ 1/2 カップ（スライス）
- お好みで生パセリのみじん切り

適応症:

電子レンジ対応のボウルに、シリアル混合物と大さじ2杯のビネグレットソースを混ぜます。ふたをして強火で約2分加熱する。2つのボウルに分けます。アボカド、トマト野菜、チーズ、オリーブ、残りのサルサ、お好みでサルサとの相性も抜群です。

栄養価（100gあたり）：116 カロリー脂肪 10 g 炭水化物 9 g タンパク質 26 g ナトリウム 607 mg

ギリシャサラダ

準備時間：10分

調理する時間：0分

サービング: 4

難易度：やさしい

材料：

- 新鮮なパセリのみじん切り 大さじ2半
- 細かく刻んだ新鮮なディル 大さじ2
- 小さじ2杯の新鮮なレモン汁
- 乾燥オレガノ 小さじ2/3
- エキストラバージン オリーブ オイル 小さじ 2 杯
- 刻んだレタス 4 カップ
- 薄切り赤玉ねぎ 2/3カップ
- 砕いたフェタチーズ 1/2カップ
- さいの目に切ったトマト 2カップ
- ケッパー 小さじ2
- キュウリ 2/3 本は皮をむき、縦に 4 等分してから薄切りにする
- 2/3 (19 オンス) のひよこ豆、水気を切り、すすぐ
- 4 (6 インチ) 全粒粉ベーグル、それぞれ 8 スライスにカット

適応症:

最初の5つの材料を大きなボウルに入れます。フエと混ぜる。レタスファミリーのメンバーと次の6つの材料（レタスからひよこ豆）を追加します。よく入札します。パイのスライスを添えて。

栄養価（100gあたり）：103カロリー脂肪12g炭水化物8gタンパク質36gナトリウム813mg

レモンとフェンネルのソールサラダ

準備時間：15分

調理する時間：五分

サービング: 2

難易度：中

材料：

- コリアンダー小さじ1/2
- 塩 小さじ1/4
- 挽きたての黒胡椒 小さじ1/8
- エキストラバージン オリーブ オイル 小さじ 2 1/2
- クミン 小さじ1/4
- にんにく 1片（みじん切り）
- オヒョウの切り身 2 枚
- フェンネル 1カップ
- 縦にスライスした赤玉ねぎ 大さじ2
- フレッシュレモン汁 大さじ1
- パセリのみじん切り 小さじ1.5
- 新鮮なタイムの葉 小さじ1/2

適応症:

最初の4つの材料を受け皿で混ぜます。小さじ1/2のスパイスミックス、小さじ2のオイル、にんにくを小さなボウルに入れます。にんにくの混合物を魚に均等にこすりつけます。小さじ1

杯の油を大きな焦げ付き防止のフライパンで中火から強火で加熱します。魚を鍋に加えます。片面5分、またはお好みの焼き加減になるまで焼きます。

残りの小さじ3/4のスパイス混合物、小さじ2の油、フェンネルの球根、残りの材料を中くらいのボウルに入れ、よく混ぜてコーティングします。海鮮サラダをご用意。

栄養価（100gあたり）：110カロリー 脂肪9g 炭水化物11g タンパク質29g ナトリウム558mg

ギリシャ風チキンサラダ 野菜添え

準備時間：10分

調理する時間：10分

サービング: 2

難易度：中

材料：

- 乾燥オレガノ 小さじ1/2
- ガーリックパウダー 小さじ1/4
- 小さじ3/8の黒コショウ、分割
- クッキングスプレー
- 1/2 ポンドの骨と皮のない鶏の胸肉を 1 インチの立方体に切る
- 塩 小さじ1/4
- 低脂肪、低脂肪ヨーグルト 1/2カップ
- タヒニ（ゴマペースト） 小さじ1
- 新鮮なレモン汁 小さじ2 1/2
- ボトルに小さじ1/2のみじん切りにんにく
- 刻んだレタス 4 カップ
- 1/2 カップの皮をむいてみじん切りにした英国産キュウリ
- 半分に切ったミニトマト 1/2カップ
- 種を抜いたカラマタ オリーブ 3 個（半分に切る）
- 砕いたフェタチーズ 大さじ2杯

適応症:

ボウルにオレガノ、天然ガーリック パウダー、小さじ 1/2 のコショウ、小さじ 1/4 の塩を混ぜます。焦げ付き防止のフライパンを中火から強火にかけます。鍋にクッキングスプレーを塗ります。家禽とスパイスの組み合わせを追加します。鳥が完成するまで調理します。小さじ1杯のジュースで味付けします。振る。容器から取り出します。

残りの小さじ2杯のジュース、残りの小さじ1/4のナトリウム、残りの小さじ1/4のコショウ、ヨーグルト、タヒニ、およびニンニクを小さなボウルに入れます。よく混ぜます。レタス科のキュウリ、トマト、オリーブを混ぜます。2 1/2 カップのレタス混合物を 4 枚のプレートのそれぞれに置きます。各サービングの上に、1/2カップのチキンと小さじ1杯のチーズの混合物をのせます。各サービングに大さじ 3 杯のヨーグルト混合物で味付けします。

栄養価（100gあたり）：116 カロリー 脂肪 11 g 炭水化物 15 g タンパク質 28 g ナトリウム 634 mg

ギリシャ風クスクスのサラダ

準備時間：10分

調理する時間： 15分

サービング: 10

難易度：やさしい

材料：

- 減塩チキンブロス 1缶（14-1/2オンス）
- 1 1/2 カップ生のクスクス 1-3/4 (約 11 オンス)
- スパイス：
- オリーブオイル 大さじ6 1/2
- 小さじ1と1/4 レモンの皮1-1/2
- レモン汁 大さじ3 1/2
- アドボ調味料 小さじ13/16
- 塩 小さじ3/16
- サラダ：
- 半分に切ったミニトマト 1 2/3 カップ
- 英国産きゅうり 5/6本、縦半分に切って薄切りにする
- 粗く刻んだ生パセリ 3/4カップ
- 1缶（6-1 / 2オンス）熟したオリーブをスライスし、水を切ります
- 砕いたフェタチーズ 大さじ6 1/2
- ねぎのみじん切り 3 1/3

適応症:

十分な大きさの鍋でスープを沸騰させます。クスクスを加える。暑さから削除; スープが吸収されるまで、約5分間、蓋をして放置します。十分な大きさの容器に移します。完全に冷ます。

スパイスを混ぜます。きゅうり、トマト、パセリ、オリーブ、ネギをクスクスに加えます。ソースを混ぜます。チーズを軽くかき混ぜます。すぐに保存するか、冷蔵して冷やしてお召し上がりください。

栄養価（100gあたり）：114 カロリー 脂肪 13 g 炭水化物 18 g タンパク質 27 g ナトリウム 811 mg

デンバーフライドオムレツ

準備時間：10分

調理する時間：30分

サービング: 4

難易度：中

材料：

- バター 大さじ2
- 玉ねぎ1/2個、ひき肉
- ピーマン 1/2個、みじん切り
- 刻んだ生ハム 1カップ
- 卵8個
- 牛乳 1/4カップ
- 1/2 カップ 細切りチェダー チーズと粗挽き黒胡椒で味を調える

適応症:

オーブンを200度に加熱します。10 インチの丸いグラタン皿にグリースを塗ります。

中火でバターを溶かします。タマネギとコショウが柔らかくなるまで約5分間調理してかき混ぜます。ハムを加え、5分間加熱するまで調理を続けます。

大きなボウルに卵と牛乳を泡立てます。チェダーチーズとハムの混合物をかき混ぜます。塩、黒こしょうで味をととのえる。混合物をグラタン皿に注ぎます。オーブンで約25分間焼きます。熱いうちに。

栄養価（100gあたり）：345 カロリー 脂肪 26.8 g 炭水化物 3.6 g タンパク質 22.4 g ナトリウム 712 mg

ソーセージ

準備時間：25分

調理する時間：60分

サービング: 12

難易度：中

材料：

- 1ポンドのセージ朝食ソーセージ.
- 3カップのすりおろしたジャガイモを水気を切り、水気を切る
- 1/4カップの溶かしバター、
- 12 オンスのシュレッド ソフト チェダー チーズ
- すりおろした玉ねぎ 1/2カップ
- カッテージチーズの小容器1個（16オンス）
- 巨大卵6個

適応症:

オーブンを190℃に加熱します。9 x 13 インチの正方形の天板に軽くグリースを塗ります。

ソーセージを大きな鍋に入れます。滑らかになるまで中火で調理します。水気を切り、砕いて保存します。

用意した容器にすりおろしたじゃがいもとバターを混ぜます。鍋の底と側面を混合物でコーティングします。ソーセージ、チェダー チーズ、玉ねぎ、リコッタ チーズ、卵をボウルに入れます。ポテトミックスを注ぎます。彼に料理させてください。

サーブする前に5分間冷やしてください。

栄養価（100gあたり）：355 カロリー 26.3 g 脂肪 7.9 g 炭水化物 21.6 g タンパク質 755 mg ナトリウム.

海老のマリネ焼き

準備時間：30分

調理する時間：60分

サービング: 6

難易度：やさしい

材料：

- オリーブオイル1カップ、
- みじん切りの新鮮なパセリ 1/4 カップ
- 絞ったレモン 1個
- 細かく刻んだにんにく 3片
- トマトペースト 大さじ1
- 乾燥オレガノ小さじ2、
- 小さじ1杯の塩
- ペッパーソース 大さじ2
- 小さじ1杯の黒コショウ、
- 2 ポンドのエビ、皮をむいて尻尾を取り除く

適応症:

ボウルにオリーブオイル、パセリ、レモン汁、ホットソース、にんにく、トマトペースト、オレガノ、塩、黒胡椒を入れて混ぜる。後で結ぶために少量を予約します。ジッパー付きの大きなビニール袋にマリネとエビを入れます。閉じて2時間冷まします。

グリルを中火で熱します。えびを串に刺し、尻尾を1回、頭を1回打ちます。マリネを捨てる。

グリルに軽くグリスを塗ります。エビを片面5分間、または半透明になるまで調理し、予約したマリネで頻繁にたたきます.

栄養価（100gあたり）：447 カロリー 脂肪 37.5 g 炭水化物 3.7 g タンパク質 25.3 g ナトリウム 800 mg

ソーセージと卵のキャセロール

準備時間：20分

調理する時間：1時間10分

サービング: 12

難易度：中

材料：

- 3/4 ポンドの細かく刻んだポーク ソーセージ
- バター 大さじ1
- 玉ねぎ4個、ひき肉
- 新鮮なキノコ 1/2 キロ
- 溶き卵 10個
- 1 ポット (16 グラム) 軽いカッテージ チーズ
- すりおろしたモントレー ジャック チーズ 1 ポンド
- みじん切りにしたピーマン 2缶分、水気を切る
- 小麦粉 1カップ、ベーキングパウダー 小さじ1
- 塩 小さじ1/2
- 溶かしバター 1/3カップ

適応症:

焦げ付き防止のフライパンにソーセージを入れます。滑らかになるまで中火で調理します。実行して予約します。フライパンにバターを溶かし、エシャロットとマッシュルームを入れてしんなりするまで炒める。

卵、カッテージ チーズ、モントレー ジャック チーズ、ピーマンを大きなボウルに入れます。ソーセージ、ねぎ、きのこを加えます。カバーして一晩冷蔵します。

オーブンを 175°C (350°F) に予熱します。明るい色の 9 x 13 インチのグラタン皿にグリースを塗ります。

薄力粉、ベーキングパウダー、塩をふるってボウルに入れる。溶かしたバターをかき混ぜます。小麦粉の混合物を卵の混合物にかき混ぜます。準備した鍋に注ぎます。軽く焦げ目がつくまで焼きます。提供する前に10分間休ませてください。

栄養価（100gあたり）：408 カロリー 脂肪 28.7 g 炭水化物 12.4 g タンパク質 25.2 g ナトリウム 1095 mg

焼きスクエアオムレツ

準備時間：15分

調理する時間：30分

サービング: 8

難易度：やさしい

材料：

- バター 1/4カップ
- 小玉ねぎ1個、ひき肉
- 細切りチェダーチーズ 1 1/2 カップ
- きのこのスライス 1箱
- 1 缶のブラック オリーブとハム添え (お好みで)
- スライスハラペーニョペッパー（お好みで）
- 卵12個、スクランブルエッグ
- 牛乳 1/2カップ
- 塩、こしょうを加えて味を調える

適応症:

オーブンを 205°C で準備します。9 x 13 インチのグラタン皿にグリースを塗ります。

フライパンにバターを中火で熱し、玉ねぎをきつね色になるまで炒める。

出来上がった皿の底にチェダーチーズを広げます。マッシュルーム、オリーブ、フライドオニオン、ハム、ハラペーニョペッパーを重ねます。ボウルに卵、牛乳、塩、こしょうを入れて混ぜる。材料の上に卵の混合物を注ぎますが、混ぜないでください。

ふたをせず、予熱したオーブンで、液体が真ん中からにじみ出なくなり、上部が焦げ目がつくまで焼きます。少し冷ましてから、四角に切ってお召し上がりください。

栄養価（100gあたり）：344 カロリー 脂肪 27.3 g 炭水化物 7.2 g タンパク質 17.9 g ナトリウム 1087 mg

ゆで卵

準備時間：5分

調理する時間： 15分

サービング: 8

難易度：やさしい

材料：

- 塩 大さじ1
- 1/4カップの蒸留白酢
- 水 6カップ
- 卵8個

適応症:

大きめの鍋に塩、酢、水を入れて強火にかける。卵を割らないように1個ずつ加えます。火を弱め、14分間調理します。

お湯から卵を取り出し、氷または冷水を入れたボウルに入れます。約 15 分間、完全に冷まします。

栄養価（100gあたり）：72 カロリー 脂肪 5 g 炭水化物 0.4 g タンパク質 6.3 g ナトリウム 947 mg

きのこ醤油だれ

準備時間：5分

調理する時間： 10分

サービング: 2

難易度：中

材料：

- バター 大さじ2
- スライスした白いキノコ 1 8 オンス パッケージ
- みじん切りにしたにんにく 2片
- 醤油 小さじ2
- 粗挽き黒こしょう

適応症:

焦げ付き防止のフライパンでバターを中火で調理します。きのこを含む; きのこが柔らかくなりリラックスするまで、約5分間調理してかき混ぜます。にんにくを加えます。調理を続けて1分間かき混ぜます。醤油を注ぐ。きのこを醤油で液体が蒸発するまで約4分間調理します。

栄養価（100gあたり）：135 カロリー 脂肪 11.9 g 炭水化物 5.4 g

コショウの卵

準備時間：10分

調理する時間： 20分

サービング: 2

難易度：中

材料：

- 卵の代用品 1カップ
- 卵1個
- 玉ねぎ3個、ひき肉
- スライスピーマン 8切れ
- ガーリックパウダー 小さじ1/2
- 溶かしバター 小さじ1
- すりおろしたロマーノチーズ 1/4カップ
- 塩と粗びき黒胡椒で味を調える

適応症:

卵の代用品、卵、エシャロット、ピーマンのスライス、ガーリック パウダーをボウルに入れます。

焦げ付き防止のフライパンでバターを弱火で焦がします。卵の混合物を加え、容器を閉じて10〜15分間調理します。ローマンエッグを散らし、塩、こしょうで味をととのえる。

栄養価（100gあたり）：266 カロリー 脂肪 16.2 g 炭水化物 3.7 g タンパク質 25.3 g ナトリウム 586 mg

卵クッキー

準備時間：15分

調理する時間： 20分

サービング: 6

難易度：中

材料：

- ベーコン1パック（12オンス）
- 卵6個
- 牛乳 大さじ2
- 塩 小さじ1/4
- 小さじ1/4の黒コショウ
- 1c。溶かしバター
- 乾燥パセリ 小さじ1/4
- ハム 1/2カップ
- 1/4カップのモッツァレラチーズ
- ゴーダ 6切れ

適応症:

オーブンを 175°C で準備します。ベーコンを中火で焼き色がつくまで炒める。ベーコンのスライスをキッチンペーパーで軽くたたいて乾かします。

6 カップのノンスティック マフィン型にベーコン スライスを並べます。残りのベーコンをスライスして、各カップの底に置きます。

卵、牛乳、バター、パセリ、塩、こしょうを混ぜます。ハムとモッツァレラチーズを添えて。

ボウルに卵の混合物を入れます。ゴーダチーズを飾ります。

ゴーダチーズが溶けて卵が柔らかくなるまで、予熱したオーブンで約15分焼きます。

栄養価（100gあたり）：310 カロリー 22.9 g 脂肪 2.1 g 炭水化物 23.1 g タンパク質 988 mg ナトリウム.

恐竜の卵

準備時間：20分

調理する時間：15分

サービング: 4

難易度：難しい

材料：

- マスタードソース：
- 1/4カップの厚いマスタード
- ギリシャヨーグルト 1/4カップ
- ガーリックパウダー 小さじ1
- カイエンペッパー 1つまみ
- 卵：
- 溶き卵 2個
- マッシュポテトフレーク 2カップ
- ゆで卵 4個（皮をむく）
- 1 缶 (15 オンス) HORMEL® Mary Kitchen® 細かく刻んだビーフ
- 揚げ物用の植物油2リットル

適応症:

昔ながらのマスタード、ギリシャヨーグルト、ガーリックパウダー、カイエンペッパーを小さなボウルで滑らかになるまで泡立てます.

溶き卵2個を浅いグラタン皿に移します。ポテトフレークを別の浅い皿に入れます。

ひき肉を4つに分けます。卵が完全に包まれるまで、各卵の周りにコンビーフを成形します。

包んだ卵を溶き卵に浸し、マッシュポテトをまぶしてコーティングします。

大きな鍋に油を注ぎ、190°C (375°F) に熱します。

卵2個を熱した油に入れ、きつね色になるまで3～5分揚げる。スプーンで取り出し、キッチンペーパーを敷いた皿に並べる。残りの2個の卵で繰り返します。

縦に切り、マスタードソースを添えて。

栄養価（100gあたり）： 784 カロリー 脂肪 63.2 g 炭水化物 34 g

ディルとトマトのオムレツ

準備時間：10分

調理する時間：35分

サービング: 6

難易度：中

材料：

- コショウと塩で味を調える
- 赤唐辛子フレーク 小さじ1
- みじん切りにしたにんにく 2片
- 砕いた山羊のチーズ 1/2 カップ - オプション
- 新鮮なチャイブのみじん切り 大さじ2
- みじん切りにした新鮮なディル 大さじ2
- さいの目に切ったトマト 4 個
- 溶き卵 8個
- ココナッツオイル 小さじ1

適応症:

9 インチの丸いケーキ型にグリースを塗り、オーブンを華氏 325 度に予熱します。

大きなボウルにすべての材料をよく混ぜ、準備した鍋に注ぎます。

オーブンに入れ、約 30 〜 35 分、半熟になるまで焼きます。

オーブンから取り出し、さらにチャイブとディルを飾ります。

栄養価（100gあたり）：149 カロリー 脂肪 10.28 g 炭水化物 9.93 g タンパク質 13.26 g ナトリウム 523 mg

パレオアーモンドバナナパンケーキ

準備時間：10分

調理する時間： 10分

サービング: 3

難易度：中

材料：

- ¼カップのアーモンド粉
- 小さじ½シナモンパウダー
- 卵3個
- つぶしたバナナ 1本
- アーモンドバター 大さじ1
- 小さじ1杯のバニラエッセンス
- 小さじ1杯のオリーブオイル
- 提供するスライスしたバナナ

適応症:

泡立つまでボウルに卵を泡立てます。別のボウルでバナナをフォークでつぶし、卵液に加えます。バニラ、アーモンドバター、シナモン、アーモンド粉を加えます。滑らかな混合物になるまで混ぜます。鍋に油を熱します。スプーン一杯の生地を加えて両面焼きます。

すべての生地が完成するまで、これらの手順を繰り返します。

提供する前にスライスしたバナナを上に追加します。

栄養価（100gあたり）：306 カロリー 脂肪 26 g 炭水化物 3.6 g タンパク質 14.4 g ナトリウム 588 mg

ズッキーニの卵

準備時間：5分

調理する時間： 10分

サービング: 2

難易度：やさしい

材料：

- オリーブオイル 大さじ1.5
- 大きなズッキーニ 2 個、大きな塊に切る
- 塩と粗びき黒胡椒で味を調える
- 大きな卵2個
- 小さじ1杯の水またはお好みで

適応症:

焦げ付き防止のフライパンで油を中火で熱します。ズッキーニを柔らかくなるまで約10分間炒めます。ズッキーニをよく味付けします。

フォークでボウルに卵を打ちます。水を注ぎ、全体がよく混ざるまで混ぜます。ズッキーニに卵を注ぎます。スクランブルエッグがなくなるまで、約5分間調理してかき混ぜます。ズッキーニと卵をよく炒めます。

栄養価（100gあたり）：213 カロリー 脂肪 15.7 g 炭水化物 11.2 g タンパク質 10.2 g ナトリウム 180 mg

アーミッシュ チーズブレックファストミックス

準備時間：10分

調理する時間：50分

サービング: 12

難易度：やさしい

材料：

- さいの目に切ったベーコン 1ポンド
- 玉ねぎ 1 頭、ひき肉
- 4 カップの冷凍ポテトの細切り、解凍
- 軽く溶き卵 9個
- 細切りチェダーチーズ 2カップ
- カッテージチーズ 1 1/2カップ
- すりおろしたスイスチーズ 1 1/4 カップ

適応症:

オーブンを 175 ℃に予熱します。9 x 13 インチのグラタン皿にグリースを塗ります。

大きなフライパンを中強火で加熱します。ベーコンがきつね色になるまで約10分間、ベーコンとタマネギを炒めます。ドレイン。じゃがいも、卵、チェダーチーズ、クリームチーズ、スイスチーズを混ぜます。準備した鍋に混合物を注ぎます。

卵が固まり、チーズが溶けるまでオーブンで45〜50分焼きます。スライスして提供する前に、10分間置いておきます。

栄養価（100gあたり）：314 カロリー 脂肪 22.8 g 炭水化物 12.1 g タンパク質 21.7 g ナトリウム 609 mg

アーモンドパンケーキ

準備時間：15分

調理する時間： 15分

サービング: 6

難易度：やさしい

材料：

- 無糖で室温のアーモンドミルク 2カップ
- 室温の大きな卵2個
- 溶かしたココナッツ オイル ½ カップ + グリース用に追加
- 生はちみつ 小さじ2
- 小さじ1/4の細かい海塩
- 重曹 小さじ½
- 全粒粉 1½カップ
- ½カップのアーモンド粉
- ベーキングパウダー 小さじ1.5
- 小さじ1/4のシナモンパウダー

適応症:

大きめのボウルにココナッツオイル、卵、アーモンドミルク、ハチミツをよく混ぜ合わせます。

中くらいのボウルに、ベーキングパウダー、ベーキングソーダ、アーモンド粉、海塩、全粒粉、シナモンを一緒にふるいにかけます。よく混ぜます。

小麦粉の混合物を牛乳の混合物に加え、よく混ぜます。

大きなフライパンにココナッツオイルを塗り、中火にかけます。½カップのパンケーキ生地を加える。

3分間、または端が固まるまで調理します。パンケーキの底が黄金色になり、表面に気泡が現れるはずです。両面焼きます。

ボウルをきれいにし、すべての生地がなくなるまで繰り返します. もう一度鍋にグリースを塗り、必要に応じて新鮮なベリーを飾ります.

栄養価（100gあたり）：205 カロリー 脂肪 16 g 炭水化物 9 g タンパク質 36 g ナトリウム 828 mg

キノアサラダ

準備時間：25分

調理する時間：0分

サービング: 4

難易度：やさしい

材料：

- 生はちみつ 大さじ2
- イチゴ 1 カップ、新鮮でスライスしたもの
- 新鮮なレモン汁 大さじ2
- 小さじ1杯のバジル、新鮮でみじん切り
- 調理済みキヌア 1カップ
- マンゴー 1 個、皮をむき、種を取り、さいの目切りにする
- 新鮮なブラックベリー 1 カップ
- 桃 1 個、種を取り、さいの目切りにする
- キウイ 2 個、皮をむき、4 等分に切る

適応症:

小さなボウルにレモン汁、バジル、蜂蜜を混ぜ合わせることから始めます。別のボウルに、イチゴ、キヌア、ブラックベリー、桃、キウイ、マンゴーを混ぜます。蜂蜜の混合物を加え、サーブする前に混ぜます。

栄養価（100gあたり）：159 カロリー脂肪 12 g 炭水化物 9 g タンパク質 29 g ナトリウム 829 mg

いちごとルバーブのスムージー

準備時間：8分

調理する時間：0分

サービング: 1

難易度：やさしい

材料：

- イチゴ 1 カップ、新鮮でスライスしたもの
- ルバーブのみじん切り 1本
- 生はちみつ 大さじ2
- アイスキューブ3個
- シナモンパウダー 小さじ1/8
- プレーンギリシャヨーグルト 1/2カップ

適応症:

小さな鍋を取り、水で満たすことから始めます。強火で沸騰させ、ルバーブを加える。水気を切ってブレンダーに移す前に、3分間調理します。

ヨーグルト、ハチミツ、シナモン、イチゴをブレンダーに入れます。滑らかになったら氷を入れる。ゴツゴツととろみがつくまで叩きます。寒さを楽しみましょう。

栄養価（100gあたり）：201 カロリー脂肪 11 g 炭水化物 9 g タンパク質 39 g ナトリウム 657 mg

エンバク

準備時間：10分

調理する時間： 20分

サービング: 4

難易度：やさしい

材料：

- 小麦の実 1カップ
- 大麦 1 カップ
- 2 カップの無糖アーモンド ミルク + サービング用
- ブルーベリー ½カップ
- ザクロの種 ½カップ
- 2カップの水
- トーストして刻んだヘーゼルナッツ 1/2カップ
- 生はちみつ¼カップ

適応症:

フライパンを中火にかけ、アーモンドミルク、水、大麦、小麦の穀粒を加えます。火を弱める前に沸騰させ、25分間煮ます。よくかき混ぜます。あなたの豆は柔らかくなければなりません。

各サービングの上に、ブルーベリー、ザクロの種、ヘーゼルナッツ、スプーン一杯の蜂蜜、少量のアーモンドミルクをのせます。

栄養価（100gあたり）：150 カロリー 脂肪 10 g 炭水化物 9 g タンパク質 29 g ナトリウム 546 mg

生姜とかぼちゃのスムージー

準備時間：15分

調理する時間：50分

サービング: 1

難易度：やさしい

材料：

- 無糖アーモンドミルク 1カップ
- チアシード 小さじ2
- バナナ1本
- 缶詰のカボチャピューレ ½カップ
- 生姜 小さじ¼
- 小さじ1/4のシナモンパウダー
- ナツメグ 小さじ1/8

適応症:

ボウルを取り、お茶の種とアーモンドミルクを混ぜ合わせることから始めます. 少なくとも 1 時間または一晩浸します。それらをブレンダーに移します。

残りの材料を加えて滑らかになるまで混ぜます。冷やしてお召し上がりください。

栄養価（100gあたり）：250 カロリー 脂肪 13 g 炭水化物 7 g タンパク質 26 g ナトリウム 621 mg

青汁

準備時間：5分

調理する時間：0分

サービング: 1

難易度：やさしい

材料：

- 濃い緑の葉物野菜 3カップ
- きゅうり 1本
- 生のイタリアンパセリ ¼カップ
- スライスしたパイナップル ¼
- 青りんご 1/2個
- ½オレンジ
- ½レモン
- おろし生姜 ひとつまみ

適応症:

ジューサーを使用して、野菜、キュウリ、パセリ、パイナップル、リンゴ、オレンジ、レモン、ショウガをピューレにし、大きなマグカップに注ぎ、サーブします.

栄養価（100gあたり）：200 カロリー 脂肪 14 g 炭水化物 6 g タンパク質 27 g ナトリウム 541 mg

くるみとデーツのスムージー

準備時間：10分

調理する時間：0分

サービング: 2

難易度：やさしい

材料：

- 4 ピットデート
- 牛乳 1/2 カップ
- プレーンギリシャヨーグルト 2カップ
- くるみ 1/2カップ
- シナモン 小さじ½
- 純粋なバニラエッセンス 小さじ½
- 氷 2～3個

適応症:

滑らかになるまでブレンドし、冷やしてお召し上がりください。

栄養価（100gあたり）：109 カロリー 脂肪 11 g 炭水化物 7 g タンパク質 29 g ナトリウム 732 mg

フルーツシェイク

準備時間：5分

調理する時間：0分

サービング: 2

難易度：やさしい

材料：

- ブルーベリー2カップ
- 無糖アーモンドミルク 2カップ
- クラッシュアイス 1カップ
- 生姜 小さじ½

適応症:

ブルーベリー、アーモンドミルク、氷、ジンジャーをブレンダーに入れます。滑らかになるまで混ぜます。

栄養価（100gあたり）：115 カロリー 脂肪 10 g 炭水化物 5 g タンパク質 27 g ナトリウム 912 mg

バナナとチョコレートのスムージー

準備時間：5分

調理する時間：0分

サービング: 2

難易度：やさしい

材料：

- 皮をむいたバナナ 2本
- スキムミルク 1カップ
- クラッシュアイス 1カップ
- 無糖ココアパウダー 大さじ3
- はちみつ 大さじ3

適応症:

バナナ、アーモンドミルク、氷、ココアパウダー、ハチミツをブレンダーで混ぜます。均一な混合物になるまで混ぜます。

栄養価（100gあたり）：150 カロリー 脂肪 18 g 炭水化物 6 g タンパク質 30 g ナトリウム 821 mg

ブルーベリー、ハチミツ、ミント入りヨーグルト

準備時間：5分

調理する時間：0分

サービング: 2

難易度：やさしい

材料：

- 無糖低脂肪ギリシャヨーグルト 2カップ
- ブルーベリー 1カップ
- はちみつ 大さじ3
- 新鮮なミントの葉のみじん切り 大さじ2

適応症:

ヨーグルトを2つのボウルに分けます。ブルーベリー、ハチミツ、ミントをトッピング。

栄養価（100gあたり）：126 カロリー 脂肪 12 g 炭水化物 8 g タンパク質 37 g ナトリウム 932 mg

フルーツとヨーグルトのパフェ

準備時間：5分

調理する時間：0分

サービング: 2

難易度：やさしい

材料：

- ラズベリー 1カップ
- 無糖低脂肪ギリシャヨーグルト 1.5カップ
- ブラックベリー 1カップ
- みじん切りクルミ ¼カップ

適応症:

ラズベリー、ヨーグルト、ブラックベリーを 2 つのボウルに入れます。ナッツをふりかけます。

栄養価（100gあたり）：119 カロリー脂肪 13 g 炭水化物 7 g タンパク質 28 g ナトリウム 732 mg

ベリーとヒマワリの種入りオーツ麦

準備時間：5分

調理する時間：10分

サービング: 4

難易度：やさしい

材料：

- 1カップの水
- 無糖アーモンドミルク ½カップ
- 塩少々
- 昔ながらのオートミール 1カップ
- ブルーベリー ½カップ
- ラズベリー ½カップ
- ひまわりの種 ¼カップ

適応症:

中火の鍋に水、アーモンドミルク、海塩を入れて沸騰させます。

オート麦をオンにします。火を弱めの中火にし、かき混ぜ続けて5分間調理します。オートミールにふたをして、さらに2分間放置します。ブルーベリー、ラズベリー、ヒマワリの種をトッピングしてお召し上がりください。

栄養価（100gあたり）：106 カロリー 脂肪 9 g 炭水化物 8 g タンパク質 29 g ナトリウム 823 mg

アーモンドとメープルのクイック グレイン

準備時間：5分

調理する時間： 10分

サービング: 4

難易度：やさしい

材料：

- 1½カップの水
- 無糖アーモンドミルク ½カップ
- 塩少々
- ½カップのクイッククッキングセモリナ
- 小さじ½シナモンパウダー
- ピュアメープルシロップ¼カップ
- スライスアーモンド ¼カップ

適応症:

水、アーモンドミルク、海塩を中鍋に入れ、中火から強火にかけて沸騰させます。

木のスプーンで絶えずかき混ぜ、徐々に穀物を加えます。ダマができないようにかき混ぜながら、沸騰させます。熱を中低に下げます。水が完全に吸収されるまで、定期的にかき混ぜながら数分間調理します。シナモン、シロップ、アーモンドを混ぜます。かき混ぜながらさらに1分間調理します。

栄養価（100gあたり）：126 カロリー 脂肪 10 g 炭水化物 7 g タンパク質 28 g ナトリウム 851 mg

オートバナナ

準備時間：10分

調理する時間： 10分

サービング: 2

難易度：やさしい

材料：

- 皮をむいてスライスしたバナナ 1本
- ¾c。アーモンドミルク
- 1/2c。冷たいコーヒー
- 2 ピットデーツ
- スプーン2杯。ココアパウダー
- 1c。エンバク
- 大さじ1半。チーア種子

適応症:

すべての材料をミキサーで加えます。5分間よく調理してお召し上がりください。

栄養価（100gあたり）：288 カロリー 脂肪 4.4 g 炭水化物 10 g タンパク質 5.9 g ナトリウム 733 mg

朝食のサンドイッチ

準備時間：5分

調理する時間： 20分

サービング: 4

難易度：やさしい

材料：

- マルチグレイン サンドイッチ 4 枚
- オリーブオイル 小さじ4
- 卵4個
- 大さじ1杯。ローズマリー、フレッシュ
- 2c。若くて新鮮なほうれん草の葉
- 1 トマト、スライス
- 大さじ1杯。フェタチーズ
- コーシャソルト ひとつまみ
- 挽いた黒胡椒

適応症:

オーブンを 375 F / 190 C に予熱します。スライスの側面に小さじ 2 をブラシで塗ります。オリーブオイルを入れて天板に並べます。5 分間、または端が軽く焦げ目がつくまで焼いてトーストします。

フライパンに残りの油とローズマリーを入れて強火にかけます。全卵を1つずつ割って鍋に入れます。黄身はまだとろとろですが、白身は固いはずです。

ヘラで卵黄を割る。卵をひっくり返し、反対側も火が通るまで焼きます。卵を火から下ろします。トーストしたサンドイッチのスライスを 4 枚のお皿に並べます。微妙なものの中で神のほうれん草。

それぞれの薄い層の上に、トマトスライス 2 枚、ゆで卵 1 個、大さじ 1 杯をのせます。フェタチーズ。塩、こしょうを軽くふって味を調えます。残りの薄いサンドイッチの半分を上に並べると、すぐに提供できます。

栄養価（100gあたり）：241 カロリー 脂肪 12.2 g 炭水化物 60.2 g タンパク質 21 g ナトリウム 855 mg

朝のクスクス

準備時間：10分

調理する時間：8分

サービング: 4

難易度：中

材料：

- 3c。スキムミルク
- 1c。全クスクス、生
- シナモンスティック 1本
- ½アプリコット、みじん切り、乾燥
- ¼c。スグリ、乾燥
- ブラウンシュガー 小さじ6
- 塩 小さじ¼
- 溶かしバター 小さじ4

適応症:

大きめの鍋に牛乳とシナモンスティックを入れて混ぜ、中火にかけます。3分間、または鍋の端にマイクロバブルが形成されるまで加熱します。料理しないでください。火からおろし、ククスクス、アプリコット、スグリ、塩、小さじ4を入れてかき混ぜます。黒砂糖。混合物を覆い、15分間休ませます。シナモンスティックを取り出して捨てる。クスクスを4つのボウルに分け、それぞれに小さじ1をのせます。溶かしたバターと小さじ½。黒砂糖。出来上がり。

栄養価（100gあたり）：306 カロリー 脂肪 6 g 炭水化物 5 g タンパク質 9 g ナトリウム 944 mg

アボカドとりんごのスムージー

準備時間：5分

調理する時間：0分

サービング: 2

難易度：やさしい

材料：

- 3c。ほうれん草
- 青りんご1個、みじん切り
- アボカド1個、種を取り、皮をむき、みじん切りにする
- スプーン3杯。チーア種子
- 小さじ1ハニー
- 皮をむいた冷凍バナナ1本
- 2c。ココナツミルク

適応症:

ブレンダーを使用して、すべての材料を加えます。滑らかな粘稠度が得られるまで5分間よくこね、グラスに注ぎます。

栄養価（100gあたり）：208カロリー脂肪10.1g炭水化物6gタンパク質7gナトリウム924mg

ミニオムレツ

準備時間：10分

調理する時間： 20分

サービング: 8

難易度：やさしい

材料：

- みじん切り黄玉ねぎ 1個
- 1c。すりおろしたパルメザンチーズ
- みじん切り黄ピーマン 1個
- 1 みじん切りの赤唐辛子
- ズッキーニのみじん切り 1本
- 塩と黒胡椒
- オリーブオイル少々
- 溶き卵 8個
- スプーン2杯。刻んだチャイブ

適応症:

鍋を中火にかけます。油を加えて加熱する。ニラと卵以外の材料を混ぜ合わせる。約5分間茶色にします。

マフィン型に卵を入れ、チャイブを飾る。オーブンを 350 F / 176 C に予熱します。マフィン型をオーブンに入れ、約 10 分間焼きます。野菜の煮込みと一緒に卵を皿に盛ります。

栄養価（100gあたり）：55カロリー脂肪3g炭水化物0.7gタンパク質9gナトリウム844mg

オートドライトマト

準備時間：10分

調理する時間：25分

サービング: 4

難易度：やさしい

材料：

- 3c。水
- 1c。アーモンドミルク
- 大さじ1杯。油
- 1c。スティールカットオーツ
- ¼c。ドライトマトのみじん切り
- 赤唐辛子の葉 ひとつまみ

適応症:

鍋を使用して、水と牛乳を加えて混ぜます。中火にかけて沸騰させます。中火で別の鍋を用意します。油を熱し、オートミールを加えて2分間調理します。最初の鍋に移し、トマトを加えて混ぜます。20分ほどじっくり煮込みます。サービングボウルに入れ、コショウを添えます。好きに。

栄養価（100gあたり）：170 カロリー 脂肪 17.8 g 炭水化物 1.5 g タンパク質 10 g ナトリウム 645 mg

卵とアボカド

準備時間：5分

調理する時間：15分

サービング: 6

難易度：やさしい

材料：

- 小さじ1 ガーリックパウダー
- 海塩 小さじ½
- ¼c。すりおろしたパルメザンチーズ
- 黒コショウ 小さじ¼
- 種を抜いたアボカド 3 個（半分に切る）
- 卵6個

適応症:

マフィン型を準備し、オーブンを 350 F / 176 C に予熱します。アボカドを分けます。卵がアボカドの空洞に収まるように、果肉の 1/3 をそっとかき出します。

マフィン型にアボカドの面を上にして並べます。各アボカドにコショウ、塩、ガーリック パウダーで均等に味付けします。各アボカドの空洞に卵を追加し、上部にチーズを飾ります. オーブンに入れて、卵白が固まるまで約15分間調理します。サーブしてお楽しみください。

栄養価（100gあたり）：252 カロリー 脂肪 20 g 炭水化物 2 g タンパク質 5 g ナトリウム 946 mg

トマトとバジルのスープ

準備時間：10分

調理する時間：25分

サービング: 2

難易度：中

材料：

- スプーン2杯。野菜スープ
- にんにくのみじん切り 1片
- 1/2c。ニンニク
- みじん切りにしたセロリの茎 1本
- みじん切りにんじん 1本
- 3c。切られたトマト
- 塩とコショウ
- 月桂樹の葉 2枚
- 1½c。無糖アーモンドミルク
- 1/3c。バジルの葉

適応症:

中火で大きな鍋で野菜スープを沸騰させます。にんにくと玉ねぎを加えて4分煮る。にんじんとセロリを加える。さらに1分間調理します。

トマトを入れて沸騰させる。15分間沸騰させます。アーモンドミルク、バジル、ローリエを加える。味付けしてサーブします。

栄養価（100gあたり）：213 カロリー 脂肪 3.9 g 炭水化物 9 g タンパク質 11 g ナトリウム 817 mg

ズッキーニのフムス

準備時間：10分

調理する時間：15分

サービング: 4

難易度：やさしい

材料：

- 2 ポンドまたは 900 g の種なしカボチャ、皮をむいた
- 大さじ1杯。油
- ¼c。タヒニ
- スプーン2杯。レモン汁
- にんにくのみじん切り 2片
- 塩とコショウ

適応症:

オーブンを 300 F / 148 C に予熱します。ズッキーニにオリーブオイルを塗ります。オーブンのグラタン皿に15分間置きます。かぼちゃに火が通ったら、フードプロセッサーで他の材料と混ぜ合わせます。

滑らかになるまで混ぜます。にんじんとセロリのスティックを添えて。後で使用する場合は、個別の容器に入れ、ラベルを貼り付けて冷蔵庫に保管してください。電子レンジで再加熱する前に、室温になるまで待ちます。

栄養価（100gあたり）：115 カロリー 脂肪 5.8 g 炭水化物 6.7 g タンパク質 10 g ナトリウム 946 mg

ハム入りマフィン

準備時間：10分

調理する時間： 15分

サービング: 6

難易度：中

材料：

- ハム 9枚
- 1/3c。ほうれん草のみじん切り
- ¼c。砕いたフェタチーズ
- 1/2c。刻んだ赤ピーマン
- 塩と黒胡椒
- 大さじ1半。バジルペースト
- 溶き卵 5個

適応症:

マフィン型にグリースを塗ります。各マフィン型の裏地に生ハムの 1/2 スライスを使用します。黒コショウ、塩、ペスト、卵に加えて、残りの材料をハムカップに広げます. コショウ、塩、ペスト、卵をボウルで泡立てます。その上にコショウの混合物を注ぎます。オーブンを 400 F / 204 C に予熱し、約 15 分間焼きます。すぐにサーブします。

栄養価（100gあたり）：109 カロリー 脂肪 6.7 g 炭水化物 1.8 g タンパク質 9 g ナトリウム 386 mg

スペルトサラダ

準備時間：10分

調理する時間：0分

サービング: 2

難易度：やさしい

材料：

- 大さじ1杯。油
- 塩と黒胡椒
- ほうれん草のみじん切り 1束
- アボカド 1 個、種を取り、皮をむき、みじん切りにする
- にんにくのみじん切り 1片
- 2c。ゆでそば
- 1/2c。チェリートマト、さいの目に切った

適応症:

炎を中温に設定します。鍋に油を入れて熱します。他の成分を追加します。混合物を約5分間沸騰させます。お皿に盛り付けてお召し上がりください。

栄養価（100gあたり）：157 カロリー 脂肪 13.7 g 炭水化物 5.5 g タンパク質 6 g ナトリウム 615 mg

レンズ豆とチェダーチーズのオムレツ

準備時間：5分

調理する時間：17分

サービング: 4

難易度：やさしい

材料：

- 赤玉ねぎのみじん切り 1個
- スプーン2杯。油
- 1c。ゆでたさつまいも、さいの目切り
- ¾c。みじん切りハム
- 溶き卵 4個
- ¾c。レンズ豆の煮物
- スプーン2杯。ギリシャヨーグルト
- 塩と黒胡椒
- 1/2c。半分に切ったプチトマト、
- ¾c。すりおろしたチェダーチーズ

適応症:

中火にし、その上にフライパンを置きます。油を加えて加熱する。玉ねぎを加えて2分ほど煮る。チーズと卵に加えて、他の材料を加え、さらに3分間調理します。卵を加え、チーズを飾る。ふたをしてさらに10分間調理します。

オムレツをスライスして器に盛り付けてお召し上がりください
。

栄養価（100gあたり）：274 カロリー 脂肪 17.3 g 炭水化物 3.5 g タンパク質 6 g ナトリウム 843 mg

ズッキーニとエビのペストを添えたガルガネッリ

準備時間：10分

調理する時間：30分

サービング: 4

難易度：中

材料：

- 卵入りガーガネル 300g
- ズッキーニペストの場合：
- ズッキーニ 7オンス
- 松の実 1カップ
- バジル 大さじ8
- 食卓塩 小さじ1
- エキストラバージンオリーブオイル 大さじ9
- パルメザンチーズ大さじ2をすりおろす
- すりおろし用ペコリーノチーズ 1オンス
- エビのソテー：
- 8.8オンスのエビ
- にんにく1かけ
- エクストラバージンオリーブオイル 小さじ7
- 塩少々

適応症:

ペストの準備を開始します。

ズッキーニを洗った後、すりおろし、ふるいにかけ（余分な液体の一部が失われるように）、軽く塩を振ります。松の実、ズッキーニ、バジルの葉をブレンダーに入れます。すりおろしたパルメザンチーズ、ペコリーノ、エキストラバージン オリーブオイルを加えます。

クリーミーな混合物になるまですべてを叩き、ひとつまみの塩を加えて取っておきます。

エビに切り替える:

まず、海老の背を包丁で縦に切り落とし、包丁の先で中の黒い糸を取り除きます。

焦げ付き防止のフライパンでエクストラバージン オリーブ オイルでニンニクのクローブを炒めます。きつね色になったらにんにくを取り除き、海老を加える。中火で約5分、表面がカリッとなるまで焼きます。

鍋に水と塩を入れて沸騰させ、ガルガネラを茹でます。茹で汁を大さじ数杯分取り、アルデンテパスタの水気を切ります。

海老を焼いたフライパンにガルガネラを入れます。1分間調理し、スプーン1杯の調理用水を加え、最後にズッキーニペストを加えます.

すべてをよく混ぜて、パスタとソースを混ぜ合わせます。

栄養価（100gあたり）：776 カロリー 脂肪 46 g 炭水化物 68 g タンパク質 22.5 g ナトリウム 835 mg

サーモンライス

準備時間：10分

調理する時間：30分

サービング: 4

難易度：中

材料：

- 1 カップ (12.3 オンス) の米
- 8.8オンスのサーモンステーキ
- ネギ1本
- エクストラバージン オリーブ オイルの風味
- にんにく1かけ
- 白ワイン ½ グラス
- すりおろしたグラナパダン 大さじ3½
- 塩を加えて味を調える
- 好みで黒こしょう
- 17ページ オンス (500 ml) 魚のスープ
- バター 1カップ

適応症:

サーモンをきれいにして、細かく切ることから始めます。鍋に大さじ1杯の油を入れ、にんにく1片を入れて沸騰させ、サーモンを2/3分間炒め、塩を加えてサーモンを保存し、にんにくを取り除く。

リゾットの準備を開始します。

ネギを非常に細かく切り、大さじ2杯のオリーブオイルを入れたフライパンでソテーします。ご飯を加え、木べらでかき混ぜながら中火で数秒煮る。

白ワインを加え、ご飯が鍋にくっつかないようにときどきかき混ぜながら煮込み、スープ（野菜または魚）を少しずつ加えます。

調理の途中で、サーモン、バター、必要に応じて少量の塩を加えます。ご飯がよく炊けたら火から下ろします。すりおろしたグラナパダンをスプーン数杯混ぜてお召し上がりください。

栄養価（100gあたり）：521 カロリー 脂肪 13 g 炭水化物 82 g タンパク質 19 g ナトリウム 839 mg

プチトマトとアンチョビのパスタ

準備時間：15分

調理する時間：35分

サービング: 4

難易度：やさしい

材料：

- 10.5 オンスのスパゲッティ
- プチトマト 1.3kg
- 9オンスのアンチョビ（洗浄済み）
- ケッパー 大さじ2
- にんにく1かけ
- 赤玉ねぎ 1個
- パセリ お好みで
- エクストラバージン オリーブ オイルの風味
- キッチンソルト お好みで
- 好みで黒こしょう
- 好みでブラックオリーブ

適応症:

にんにくを薄切りにします。

チェリートマトを2つに切る。玉ねぎの皮をむき、細かく刻む
。

鍋ににんにくとスライスした玉ねぎを入れた油を入れます。すべてを中火で5分間加熱します。時々かき混ぜる。

すべてがよく味付けされたら、チェリートマトと塩とコショウのピンチを追加します。15分間調理します。その間に鍋に湯を沸かし、沸騰したら塩とパスタを入れます。

ソースの準備がほぼ整ったら、アンチョビを加えて数分間調理します。穏やかに混ぜます。

火を止め、パセリをみじん切りにして鍋に入れる。

茹で上がったらパスタの水気を切り、直接ソースに絡める。再び数秒間火をつけます。

栄養価（100gあたり）：446 カロリー 脂肪 10 g 炭水化物 66.1 g タンパク質 22.8 g ナトリウム 934 mg

ブロッコリーとソーセージのオレキエッテ

準備時間：10分

調理する時間：32分

サービング: 4

難易度：中

材料：

- 11.5オンスのオレキエッテ
- 10.5 ブロッコリー
- 10.5オンスのソーセージ
- 1.35 fl。白ワイン 40ml
- にんにく1かけ
- タイム 2枝
- エクストラバージンオリーブオイル 小さじ7
- 好みで黒こしょう
- キッチンソルト お好みで

適応症:

鍋にたっぷりの水と塩を入れて沸騰させる。ブロッコリーの小花を茎から取り除き、半分に切るか、非常に大きい場合は4つに切ります。沸騰したお湯に入れ、蓋をして6～7分煮る。

この間、タイムを細かく刻んで取っておきます。ソーセージからケーシングを取り除き、フォークで軽くつぶします。

少量の油でにんにくを炒め、ソーセージを加える。数秒後、タイムと白ワインを少し加えます。

ゆであがったブロッコリーは、ゆで汁を捨てずにすり割りスプーンで取り出し、肉を少しずつ加えていく。すべてを3〜4分間調理します。にんにくを取り除き、黒こしょうをひとつまみ加えます。

ブロッコリーを茹でた水を沸騰させ、パスタを入れて茹でる。パスタが調理されたら、スロット付きスプーンで水気を切り、ブロッコリーとソーセージのソースに直接移します.次に、よく混ぜ、黒コショウを加え、フライパンのすべてを数分間茶色にします.

栄養価（100gあたり）：683 カロリー 脂肪 36 g 炭水化物 69.6 g タンパク質 20 g ナトリウム 733 mg

大根と燻製ベーコンのリゾット

準備時間：10分

調理する時間：30分

サービング: 3

難易度：中

材料：

- 米 1 ½ カップ
- 14オンスのラディッキオ
- 5.3オンスのスモークベーコン
- 34ページ oz (1l) 野菜スープ
- 3.4 階 赤ワイン 100ml
- エクストラバージンオリーブオイル 小さじ7
- 1.7オンスのエシャロット
- キッチンソルト お好みで
- 好みで黒こしょう
- タイム 3枝

適応症:

野菜スープの調理から始めましょう。

ラディッキオから始めます。半分に切り、中央の部分 (白い部分) を取り除きます。短冊切りにし、よく洗ってから置いておきます。スモークベーコンも短冊切りにする。

にんにくを細かく刻み、オリーブオイルをひいたフライパンに並べる。大さじ1を加えながら中火にかけ、パンチェッタを加えて焼き色をつける。

約2分後、ご飯を入れ、絶えずかき混ぜながらトーストする。この時点で、強火で赤ワインを注ぎます。

すべてのアルコールが蒸発した後、スプーンでスープ スプーンを追加して調理を続けます。完全に調理されるまで、前のものを乾燥させてから、2番目のものを追加します. 塩と黒コショウを加えます（加える量によって異なります）。

炊きあがったらラディッキオを添える。それらが米に取り込まれるまでよく混ぜますが、調理はしません。刻んだタイムを加える。

栄養価（100gあたり）：482 カロリー 脂肪 17.5 g 炭水化物 68.1 g タンパク質 13 g ナトリウム 725 mg

パスタ アッラ ジェノベーゼ

準備時間：10分

調理する時間：25分

サービング: 3

難易度：中

材料：

- 11.5オンスのジチ
- 1ポンドの肉
- ゴールデンオニオン 2.2キロ
- 2オンスのセロリ
- にんじん 2オンス
- パセリ 1本
- 3.4 階 白ワイン 100ml
- エクストラバージン オリーブ オイルの風味
- キッチンソルト お好みで
- 好みで黒こしょう
- パルメザンチーズ

適応症:

生地を準備するには、次から始めます。

タマネギとニンジンの皮をむき、細かく刻む。次に、セロリを洗って細かく刻みます（葉は捨てないでください。これも刻んで取っておく必要があります）. 次に肉に移り、余分な脂肪を取り除き、5/6の大きな部分に切ります。最後に、セロリの葉とパセリの小枝をキッチン用麻ひもで香りのよいソースで結びます。

大きな鍋に油を入れます。タマネギ、セロリ、ニンジン（先ほど分けたもの）を加え、数分間煮ます。

次に、肉片、塩ひとつまみ、香ばしいスタックを追加します。かき混ぜて数分間調理します。その後火を弱め、蓋をします。

少なくとも3時間調理します（鍋の底が乾くのを防ぐためにタマネギが必要なすべての液体を放出するため、水やスープを追加しないでください）. 時々すべてをチェックして、それを混ぜ合わせてください。

3時間煮込んだらハーブソースを取り出し、少し火を強め、ワインを少し加えて混ぜる。

肉を蓋をせずに約1時間調理し、絶え間なくかき混ぜ、鍋の底が乾いたらワインを加えます。

この時点で、肉を一枚取り、まな板の上でスライスして脇に置きます。ズッキーニはみじん切りにし、塩を加えた熱湯で茹でる。

炊きあがったら水気を切り、鍋に戻す。調理用の水を大さじ数杯入れてかき混ぜます。皿に盛り、ソースとひき肉（7で抜いたもの）を添える。コショウとすりおろしたパルメザンチーズを加えて味を調えます。

栄養価（100gあたり）：450 カロリー 脂肪 8 g 炭水化物 80 g タンパク質 14.5 g ナトリウム 816 mg

カリフラワーのナポリ風パスタ

準備時間：15分

調理する時間：35分

サービング: 3

難易度：中

材料：

- 10.5 オンスのパスタ
- カリフラワー1個
- 3.4 階 トマトソース 100ml
- にんにく1かけ
- コショウ1個
- エキストラバージンオリーブオイル 大さじ3（または小さじ）
- 塩を加えて味を調える
- 必要に応じて胡椒を加える

適応症:

カリフラワーをきれいに洗います。外側の葉と茎を取り除きます。小さな花に切ります。

にんにくの皮をむき、みじん切りにし、オリーブオイルと唐辛子を入れたフライパンで焼きます。

トマトのピューレとカリフラワーの小花を加え、中火で数分間焼き色を付け、スプーン数杯の水で覆い、15 ～ 20 分間、または少なくともカリフラワーがクリーミーになるまで調理します。

ボウルの底が乾きすぎている場合は、必要なだけ水を加えて混合液を液体に保ちます。

ここでカリフラワーに熱湯をかけ、沸騰したらパスタを投入。

塩こしょうを加える。

栄養価（100gあたり）：458 カロリー 脂肪 18 g 炭水化物 65 g タンパク質 9 g ナトリウム 746 mg

パスタと豆、オレンジとフェンネル

準備時間：10分

調理する時間：30分

サービング: 5

難易度：難易度

材料：

- エキストラバージン オリーブ オイル - 大さじ 1。提供するより多くの余分な
- ベーコン - 細かく刻んだ 2 オンス
- タマネギ - 1、細かく刻む
- フェンネル - 1 球根、茎を取り除き、球根を半分に切り、穴を開けて細かく刻む
- セロリ - 1 茎のみじん切り
- にんにく - みじん切り 2片
- アンチョビの切り身 - 3 ピース、洗ってみじん切りにする
- 新鮮なオレガノのみじん切り - 大さじ1。
- すりおろしたオレンジの皮 - 小さじ2。
- フェンネルシード - 小さじ1/2。
- 赤唐辛子フレーク - 小さじ¼。
- さいの目に切ったトマト - 1 缶 (28 オンス)
- パルメザンチーズ - クラスト 1 枚、その他のサービング用
- カネリーニ豆 - 1 缶 (7 オンス)、水洗い
- チキンスープ - 2½カップ

- 水 - 2.5カップ
- 塩とコショウ
- 大麦 - 1 カップ
- 新鮮なパセリのみじん切り - ¼ カップ

適応症:

ダッチオーブンでオイルを中強火で加熱します。ベーコンを追加します。3～5分、または焼き色がつくまで揚げます。セロリ、フェンネル、タマネギを入れ、柔らかくなるまで炒めます(約 5 ～ 7 分)。

ピーマン、フェンネルシード、オレンジの皮、オレガノ、アンチョビ、にんにくを入れてかき混ぜます。1分間調理します。トマトとそのジュースを混ぜます。パルメザンチーズの皮とインゲンをかき混ぜます。

沸騰させて10分間調理します。水、スープ、小さじ1を混ぜます。塩。強火で沸騰させます。パスタを入れてアルデンテになるまで茹でる。

火からおろし、パルメザンチーズの皮を取り除く。

パセリを加え、塩、こしょうで味をととのえる。オリーブオイル少々をたらし、すりおろしたパルメザンチーズをふりかける。仕える。

栄養価（100gあたり）：502 カロリー 脂肪 8.8 g 炭水化物 72.2 g タンパク質 34.9 g ナトリウム 693 mg

レモンスパゲッティ

準備時間：10分

調理する時間： 15分

サービング: 6

難易度：やさしい

材料：

- エクストラバージン オリーブ オイル - 1/2 カップ
- レモンの皮 - 小さじ2。
- レモン汁 - 1/3カップ
- にんにく - パテ用にみじん切り1片
- 塩とコショウ
- パルメザンチーズ - すりおろした2オンス
- スパゲッティ - 1ポンド
- 新鮮なバジルのみじん切り - 大さじ6。

適応症:

ボウルに、にんにく、油、レモンの皮、ジュース、小さじ1/2を入れます。塩と小さじ¼。コショウ。パルメザンチーズを加えてクリーム状になるまで混ぜます。

その間にパスタを袋の表示通りに茹でる。調理用の水を 1/2 カップ取っておきます。油とバジルの混合物を生地に加え、よく混ぜます。よく味付けし、必要に応じて調理用の水を加えます。仕える。

栄養価（100gあたり）：398 カロリー 脂肪 20.7 g 炭水化物 42.5 g タンパク質 11.9 g ナトリウム 844 mg

香味野菜のクスクス

準備時間：10分

調理する時間： 20分

サービング: 6

難易度：難しい

材料：

- カリフラワー - 1頭、1インチの小花に切る
- エキストラバージン オリーブ オイル - 大さじ6。提供するより多くの余分な
- 塩とコショウ
- クスクス - 1½カップ
- ズッキーニ - 1, 1/2 インチに切る
- 赤唐辛子 - 1、ヘタと種を取り、1/2 インチの小片に切る
- にんにく - みじん切り4片
- Ras el hanout - 小さじ2。
- すりおろしたレモンの皮 - 小さじ1。提供するより多くのレモンのくさび
- チキンスープ - 1 3/4カップ
- 新鮮なマジョラムのみじん切り - 大さじ1。

適応症:

鍋で大さじ2を加熱します。中火でオイル。カリフラワーを小さじ3/4加えます。塩と小さじ½。コショウ。ミックス。小花がきつね色になり、縁がほぼ透明になるまで加熱します。

ふたを取り、かき混ぜながら10分間、または小花がきつね色になるまで調理します。ボウルに移し、トレイをきれいにします。大さじ2を加熱します。鍋に油。

クスクスを加える。3〜5分間、または豆が茶色になり始めるまで、調理してかき混ぜ続けます。ボウルに移し、トレイをきれいにします。残り大さじ3を加熱する。フライパンに油をひき、コショウ、ズッキーニ、小さじ1/2を加える。塩。8分間調理します。

レモンの皮、ラス エル ハヌート、にんにくを入れてかき混ぜます。香りが出るまで（約30秒）煮込みます。スープを入れて沸騰させる。クスクスを加える。火からおろし、柔らかくなるまで置いておきます。

マジョラムとカリフラワーを追加します。フォークで軽くほぐして混ぜ合わせます。多めの油をまぶし、よく炒める。くし切りレモンを添えて。

栄養価（100gあたり）：787 カロリー 脂肪 18.3 g 炭水化物 129.6 g タンパク質 24.5 g ナトリウム 699 mg

フェンネルのピリ辛チャーハン

準備時間：10分

調理する時間： 45分

サービング: 8

難易度：中

材料：

- サツマイモ - 1 ½ ポンド、皮をむいて 1 インチのチャンクに切る
- エクストラバージン オリーブ オイル - ¼ カップ
- 塩とコショウ
- フェンネル - 1 球根、細かく刻んだ
- 小玉ねぎ - 1, 細かく刻んだ
- 長粒白米 - 洗った1½カップ
- にんにく - みじん切り4片
- Ras el hanout - 小さじ2。
- チキンスープ - 2カップ
- 穴の開いた大きなグリーン オリーブの塩水 - 3/4 カップ、半分に切る
- 新鮮なコリアンダーのみじん切り - 大さじ2。
- レモンの輪切り

適応症:

オーブンラックを中央に置き、オーブンを400Fに予熱します。じゃがいもに小さじ½で味付けします。塩と大さじ2。油。

じゃがいもを天板に単層で並べ、25～30分または柔らかくなるまで焼きます。調理の途中で、じゃがいもを加えます。

ジャガイモを取り出し、オーブンの温度を華氏350度に下げます。残りの大さじ2をオーブンで温めます。中火でオイル。

タマネギとフェンネルを追加します。次に、5～7分間、または柔らかくなるまで調理します。ラス エル ハヌート、にんにく、ご飯を加えます。3分間ソテーします。

オリーブとスープを加えて10分休ませる。じゃがいもをご飯に加え、フォークで軽くつぶして混ぜ合わせます。塩、こしょうで味をととのえる。コリアンダーを飾り、ライムのくさびを添えます。

栄養価（100gあたり）：207 カロリー 脂肪 8.9 g 炭水化物 29.4 g タンパク質 3.9 g ナトリウム 711 mg

ひよこ豆のモロッコ風クスクス

準備時間：5分

調理する時間：18分

サービング: 6

難易度：中

材料：

- エキストラバージン オリーブ オイル - ¼ カップ、サービング用に追加
- クスクス - 1½カップ
- 皮をむいて細かく刻んだニンジン - 2
- みじん切り玉ねぎ - 1
- 塩とコショウ
- にんにく - みじん切り3片
- 挽いたコリアンダー - 小さじ1。
- すりおろしたショウガ - 小さじ。
- 挽いたアニスの種 - 小さじ¼。
- チキンスープ - 1 3/4カップ
- ひよこ豆 - 1 缶 (15 オンス)、すすぐ
- 冷凍エンドウ豆 - 1 ½ カップ
- 新鮮なパセリまたはコリアンダーのみじん切り - 1/2 カップ
- レモンの輪切り

適応症:

大さじ2を加熱します。中火で鍋に油を入れます。クスクスを加えて、3～5分、または焼き色がつくまで調理します。ボウルに移し、トレイをきれいにします。

残り大さじ2を加熱する。フライパンに油をひき、玉ねぎ、にんじん、小さじ1を加える。塩。5～7分間調理します。アニス、生姜、コリアンダー、にんにくを混ぜます。香りが出るまで（約30秒）煮込みます。

ひよこ豆とスープを加えて沸騰させる。クスクスとエンドウ豆を追加します。蓋をして火から下ろします。クスクスが柔らかくなるまで置いておきます。

クスクスにパセリを加えてフォークで結ぶ。多めの油をまぶし、よく炒める。くし切りレモンを添えて。

栄養価（100gあたり）：649 カロリー 脂肪 14.2 g 炭水化物 102.8 g タンパク質 30.1 g ナトリウム 812 mg

インゲンとひよこ豆のベジタリアン パエリア

準備時間：10分

調理する時間：35分

サービング: 4

難易度：やさしい

材料：

- サフランひとつまみ
- 野菜スープ - 3カップ
- オリーブオイル - 大さじ1。
- 黄玉ねぎ - さいの目に切った大 1 個
- にんにく - スライスに切った4片
- 赤唐辛子 - 1、さいの目に切った
- つぶしたトマト - 3/4 カップ、生または缶詰
- トマトピューレ - 大さじ2。
- オールスパイス - 小さじ1½。
- 塩 - 小さじ1。
- 挽きたての黒コショウ - 小さじ½。
- さやいんげん - 1 1/2 カップ、殻をむいて半分に切る
- ひよこ豆 - 1 缶 (15 オンス)、水気を切り、すすぐ
- 短粒白米 - 1 カップ
- レモン - 1、スライス

適応症:

サフランスレッドを大さじ3と混ぜます。小さなボウルにぬるま湯。中火で鍋に水を沸かします。火を弱めて沸騰させます。

フライパンに油を中火で熱します。玉ねぎを加えて5分炒める。コショウとにんにくを加え、7分間、またはコショウが柔らかくなるまで炒めます。水とウコン、塩、コショウ、パプリカ、トマトペースト、トマトの混合物を混ぜます。

米、ひよこ豆、インゲンを加えます。熱々のスープを入れて沸騰させます。火を弱め、ふたをせずに20分間調理します。

レモンスライスを添えて、熱いうちに出してください。

栄養価（100gあたり）：709 カロリー 脂肪 12 g 炭水化物 121 g タンパク質 33 g ナトリウム 633 mg

エビのガーリック トマトとバジル添え

準備時間：10分

調理する時間： 10分

サービング: 4

難易度：やさしい

材料：

- オリーブオイル - 大さじ2。
- エビ - 1¼ ポンド、皮をむいて内臓を取り除く
- にんにく - みじん切り3片
- 砕いた赤唐辛子フレーク - 小さじ1/8。
- 辛口白ワイン - 3/4カップ
- グレープトマト - 1½カップ
- 細かく刻んだ新鮮なバジル - 1/4 カップ、さらに付け合わせ用
- 塩 - 小さじ3/4。
- 挽いた黒コショウ - 小さじ½。

適応症:

フライパンに油を中火で熱します。えびを加え、1分または火が通るまで調理します。プレートに移します。

赤唐辛子フレークとにんにくをフライパンの油に入れ、かき混ぜながら30秒間調理します。ワインを入れて混ぜ、半分くらいになるまで煮る。

トマトを加え、トマトが崩れ始めるまで炒めます（約3～4分）。取っておいた海老、塩、こしょう、バジルを加えます。さらに1～2分加熱します。

残りのバジルを飾ってお召し上がりください。

栄養価（100gあたり）：282 カロリー 脂肪 10 g 炭水化物 7 g タンパク質 33 g ナトリウム 593 mg

エビ入りパエリア

準備時間：10分

調理する時間：25分

サービング: 4

難易度：中

材料：

- オリーブオイル - 大さじ2。
- 中タマネギ - 1、さいの目に切った
- 赤唐辛子 - 1、さいの目に切った
- にんにく - みじん切り3片
- サフラン ひとつまみ
- オールスパイス - 小さじ¼。
- 塩 - 小さじ1。
- 挽きたての黒コショウ - 小さじ½。
- チキンスープ - 3カップ、分割
- 短粒白米 - 1 カップ
- 大きなエビの皮をむき、成長 - 1ポンド。
- 冷凍エンドウ豆 - 1 カップ、解凍

適応症:

鍋に油を熱します。タマネギとピーマンを加え、6分間または柔らかくなるまでソテーします。塩、こしょう、パプリカ、タ

ーメリック、にんにくを加えて混ぜる。2½カップのスープと米をかき混ぜます。

混合物を沸騰させ、米が完全に調理されるまで約12分間調理します. えびとえんどう豆をご飯の上にのせ、残りの1/2カップのスープを加える。

蓋をしてエビに火が通るまで（約5分）煮込みます。仕える。

栄養価（100gあたり）：409 カロリー 脂肪 10 g 炭水化物 51 g タンパク質 25 g ナトリウム 693 mg

オリーブ、ミント、フェタチーズのレンズ豆サラダ

準備時間：60分

調理する時間： 60分

サービング: 6

難易度：中

材料：

- 塩とコショウ
- フランス産レンズ豆 - 1 カップ、摘んで洗ったもの
- にんにく - 軽くつぶして皮をむいた5片
- ベイリーフ - 1
- エキストラバージン オリーブ オイル - 大さじ 5。
- 白ワインビネガー - 大さじ3。
- 種の入ったカラマタ オリーブ - ½ カップ、みじん切り
- フレッシュミントのみじん切り - 1/2カップ
- 玉ねぎ - みじん切り大1個
- フェタチーズ - 1 オンス、砕いた

適応症:

お湯4カップと小さじ1を加えます。ボウルに塩。レンズ豆を加え、室温で1時間浸します。よく乾かします。

ラックを中央に置き、オーブンを華氏 325 度に予熱します。レンズ豆、水4カップ、にんにく、月桂樹の葉、小さじ1/2を加えます。鍋に塩。蓋をしてオーブンに入れ、レンズ豆が柔らかくなるまで40～60分加熱します。

レンズ豆をよく水気を切り、にんにくと月桂樹の葉を取り除きます。大きなボウルに、油と酢を一緒にふるいにかけます。エシャロット、ミント、オリーブ、レンズ豆を加えて混ぜ合わせます。

塩、こしょうで味をととのえる。お皿にしっかりと盛り付け、フェタチーズを飾ります。仕える。

栄養価（100gあたり）：249 カロリー 脂肪 14.3 g 炭水化物 22.1 g タンパク質 9.5 g ナトリウム 885 mg

にんにくとパセリのひよこ豆

準備時間：5分

調理する時間： 20分

サービング: 6

難易度：中

材料：

- エクストラバージン オリーブ オイル - ¼ カップ
- にんにく - 4片を薄切りにします
- 赤唐辛子フレーク - 小さじ1/8。
- 玉ねぎ - みじん切り1個
- 塩とコショウ
- ひよこ豆 - 2 缶 (15 オンス)、すすぎ
- チキンスープ - 1カップ
- 新鮮なパセリのみじん切り - 大さじ2。
- レモン汁 - 小さじ2。

適応症:

鍋に大さじ3を加える。油を注ぎ、にんにくとコショウのフレークを3分間調理します。タマネギと小さじ¼をかき混ぜます。塩を加えて5～7分煮る。

ひよこ豆とストックをかき混ぜて沸騰させます。弱火にし、ふたをして7分煮る。

ふたを開けて強火にかけ、3分間またはすべての液体が蒸発するまで調理します. レモン汁とパセリを入れてかき混ぜます。

塩、こしょうで味をととのえる。大さじ1で味付けします。広げてサーブします。

栄養価（100gあたり）：611 カロリー 脂肪 17.6 g 炭水化物 89.5 g タンパク質 28.7 g ナトリウム 789 mg

ひよこ豆の茄子とトマト煮込み

準備時間：10分

調理する時間： 60分

サービング: 6

難易度：やさしい

材料：

- エクストラバージン オリーブ オイル - ¼ カップ
- 玉ねぎ - みじん切り2個
- グリーン ピーマン - 1、細かく刻んだ
- 塩とコショウ
- にんにく - みじん切り3片
- 新鮮なオレガノのみじん切り - 大さじ1。
- ベイリーフ - 2
- ナス - 1 ポンド、1 インチ片にカット
- 皮全体 - 1 ピース、缶詰、残りのジュースを切り、みじん切り
- ひよこ豆 – 2 缶 (15 オンス)、1 カップの予備の液体で水を切ります

適応症:

天板を中央下部に置き、オーブンを華氏400度に予熱します。ダッチオーブンで油を熱します。コショウ、タマネギ、小さじ½を加える。塩と小さじ¼。コショウ。5分間揚げます。

小さじ1を混ぜます。オレガノ、にんにく、月桂樹の葉を入れ、30 秒間調理します。トマト、なす、分離したジュース、ひよこ豆、缶詰の液体を入れてかき混ぜ、沸騰させます。鍋をオーブンに移し、蓋をせずに45～60分間調理します。2回混ぜます。

月桂樹の葉を取り除きます。残りの小さじ2を加える。オレガノと塩、こしょうで味をととのえる。仕える。

栄養価（100gあたり）：642 カロリー 脂肪 17.3 g 炭水化物 93.8 g タンパク質 29.3 g ナトリウム 983 mg

レモン入りギリシャライス

準備時間：20分

調理する時間： 45分

サービング: 6

難易度：中

材料：

- 長粒米 - 2 カップ、未調理（冷水に 20 分間浸してから水気を切ったもの）
- エキストラバージン オリーブ オイル - 大さじ 3。
- 黄玉ねぎ - 中くらいの頭のみじん切り 1 個
- にんにく - みじん切り1片
- 大麦麺 - ½カップ
- レモン2個分の果汁とレモン1個分の皮
- 低ナトリウムスープ - 2カップ
- 塩少々
- パセリのみじん切り - 1握り
- 雑草 - 小さじ1。

適応症:

鍋で、大さじ3を加熱します。エクストラバージンオリーブオイル。玉ねぎを加えて3～4分炒める。大麦とにんにくの塊を加えてよく混ぜます。

次に、米を加えて覆います。スープとレモン汁を加える。沸騰させて火を弱めます。蓋をして約20分煮る。

火から下ろします。ふたをして10分間放置します。レモンの皮、ディル、パセリを取り出して加えます。仕える。

栄養価（100gあたり）：145 カロリー 脂肪 6.9 g 炭水化物 18.3 g タンパク質 3.3 g ナトリウム 893 mg

香草ご飯

準備時間：10分

調理する時間：30分

サービング: 4

難易度：やさしい

材料：

- エキストラバージン オリーブ オイル - ½ カップ、分割
- 大にんにく - 5、みじん切り
- ジャスミン玄米 - 2カップ
- 水 - 4カップ
- 海塩 - 小さじ1。
- 黒コショウ - 小さじ1。
- みじん切りの新鮮なチャイブ - 大さじ3。
- 新鮮なパセリのみじん切り - 大さじ2。
- 新鮮なバジルのみじん切り - 大さじ1。

適応症:

¼カップのオリーブオイル、にんにく、米を鍋に加えます。かき混ぜて中火にかけます。水、海塩、黒胡椒を混ぜます。その後、もう一度混ぜます。

沸騰させて火を弱めます。ときどきかき混ぜながら蓋をせずに調理します。

水がほとんど吸収されたら、バジル、パセリ、チャイブと一緒に、残りの¼カップのオリーブオイルをかき混ぜます.

ハーブが混ざり、すべての水分が吸収されるまでかき混ぜます。

栄養価（100gあたり）：304 カロリー 脂肪 25.8 g 炭水化物 19.3 g タンパク質 2 g ナトリウム 874 mg

地中海風ライスサラダ

準備時間：10分

調理する時間：25分

サービング: 4

難易度：中

材料：

- エキストラバージン オリーブ オイル - ½ カップ、分割
- 長粒玄米 - 1カップ
- 水 - 2カップ
- フレッシュレモンジュース - ¼カップ
- にんにく - みじん切り 1かけ
- 新鮮なローズマリーのみじん切り - 小さじ1。
- みじん切りのフレッシュミント - 小さじ1。
- ベルギー産エンダイブ - 3 ロ
- 赤唐辛子 - 中1個、みじん切り
- 温室キュウリ - 1、みじん切り
- ねぎのみじん切り - 1/2カップ
- カラマタ オリーブ、みじん切り - ½ カップ
- 赤唐辛子フレーク - 小さじ¼。
- 砕いたフェタチーズ - 3/4カップ
- 海塩と黒胡椒

適応症:

¼カップのオリーブオイル、米、ひとつまみの塩を鍋で弱火で加熱します。ご飯にまぶすようにかき混ぜます。水を加えて水分がなくなるまで煮る。時々かき混ぜます。大きめのボウルにご飯を入れて冷まします。

別のボウルに、残りの¼カップのオリーブオイル、赤唐辛子フレーク、オリーブ、ねぎ、きゅうり、パプリカ、エスカロール、ミント、ローズマリー、にんにく、レモン汁を混ぜ合わせます。

米を混合物に加え、混ぜ合わせます。フェタチーズを軽くかき混ぜます。

味見をして、調味料を調整してください。仕える。

栄養価（100gあたり）：415 カロリー 脂肪 34 g 炭水化物 28.3 g タンパク質 7 g ナトリウム 4755 mg

生豆とツナのサラダ

準備時間：5分

調理する時間： 20分

サービング: 6

難易度：やさしい

材料：

- 殻付きの新鮮な豆 (皮をむいたもの) - 2 カップ
- ベイリーフ - 2
- エキストラバージン オリーブ オイル - 大さじ 3。
- 赤ワインビネガー - 大さじ1。
- 塩と黒胡椒
- 最高品質のマグロ - 1 缶 (6 オンス)、オリーブ オイルでパック
- 塩ケッパー - 大さじ1。浸して乾かす
- 細かく刻んだパセリ - 大さじ2。
- 赤玉ねぎ - 1、スライス

適応症:

鍋に軽く塩を加えたお湯を沸かします。豆と月桂樹の葉を追加します。次に、15 ～ 20 分間、または豆が柔らかくなるまで煮込みます。水気を切り、味をとってボウルに移す。

サヤインゲンを酢と油ですぐに味付けします。塩と黒こしょうを加える。よく混ぜて、調味料を調整します。マグロの水気を切り、マグロの果肉を豆サラダに加える。パセリとケッパーを添えて。赤玉ねぎのスライスを混ぜ合わせて振りかける. 仕える。

栄養価（100gあたり）：85 カロリー 脂肪 7.1 g 炭水化物 4.7 g タンパク質 1.8 g ナトリウム 863 mg

チキンのおいしいパスタ

準備時間：10分

調理する時間：17分

サービング: 4

難易度：やさしい

材料：

- 皮と骨のない鶏の胸肉 3 枚を一口大に切る
- 全粒粉パスタ 300g
- スライスしたオリーブ 1/2カップ
- ドライトマト 1/2カップ
- ローストレッドペッパー（みじん切り） 大さじ1
- 14オンス缶のさいの目に切ったトマト
- マリナラソース 2カップ
- チキンスープ 1カップ
- コショウ
- 塩

適応症:

インスタントポットで、全粒粉パスタ以外のすべての材料を混ぜます。

蓋をして強火で12分煮る。

終わったら、自然に圧力を解放します。カバーを取り外します。

マカロニを加えてよく混ぜます。鍋を再び閉じ、手動でタイマーを選択して 5 分に設定します。

終了したら、5 分間圧力を解放し、クイック リリースを使用して残りを解放します。カバーを取り外します。よく混ぜてお召し上がりください。

栄養価（100gあたり）：615 カロリー 脂肪 15.4 g 炭水化物 71 g タンパク質 48 g ナトリウム 631 mg

タコ丼ライス味

準備時間：10分

調理する時間：14分

サービング: 8

難易度：中

材料：

- 1ポンドの牛ひき肉
- すりおろしたチェダーチーズ 8オンス
- 赤インゲン豆 14オンス缶
- 2オンスのタコス調味料
- 16オンスのソース
- 2カップの水
- 玄米2カップ
- コショウ
- 塩

適応症:

インスタントポットを沸騰モードに設定します。

フライパンに肉を入れ、焼き色がつくまで炒める。

水、豆、米、タコス調味料、コショウ、塩を加えてよく混ぜます。

ソースをかけます。蓋をして強火で14分煮る。

終了したら、クイック リリースを使用して圧力を解放します。カバーを取り外します。

チェダーチーズを加え、チーズが溶けるまで混ぜます。

サーブしてお楽しみください。

栄養価（100gあたり）：464 カロリー 脂肪 15.3 g 炭水化物 48.9 g タンパク質 32.2 g ナトリウム 612 mg

おいしいマカロニとチーズ

準備時間：10分

調理する時間：10分

サービング: 6

難易度：やさしい

材料：

- エルボーパスタ 500g
- 4カップの水
- さいの目に切ったトマト 1カップ
- にんにくのみじん切り 小さじ1
- オリーブオイル 大さじ2
- ネギ 1/4 カップ、みじん切り
- すりおろしたパルメザンチーズ 1/2カップ
- すりおろしたモッツァレラチーズ 1/2カップ
- すりおろしたチェダーチーズ 1カップ
- 1/4カップのピューレ
- 無糖アーモンドミルク 1カップ
- さいの目に切ったアーティチョークのマリネ 1カップ
- ドライトマト 1/2カップ、スライス
- スライスしたオリーブ 1/2カップ
- 小さじ1杯の塩

適応症:

パスタ、水、トマト、にんにく、油、塩をインスタントポットに加え、よく混ぜます。蓋をして強火で焼きます。

準備ができたら、数分間圧力を解放し、クイック ドレンを使用して残りを排出します。カバーを取り外します。

鍋を沸騰モードに設定します。ねぎ、パルメザンチーズ、モッツァレラチーズ、チェダーチーズ、パッサータ、アーモンドミルク、アーティチョーク、天日干しトマト、オリーブを加えます。よく混ぜます。

よく混ぜて、チーズがとろけるまで煮る。

サーブしてお楽しみください。

栄養価（100gあたり）：519 カロリー 脂肪 17.1 g 炭水化物 66.5 g タンパク質 25 g ナトリウム 588 mg

オリーブとキュウリのご飯

準備時間：10分

調理する時間： 10分

サービング: 8

難易度：中

材料：

- 洗った米2カップ
- きれいなオリーブ 1/2カップ
- きゅうりのみじん切り 1カップ
- 赤ワインビネガー 大さじ1
- レモンの皮 小さじ1
- フレッシュレモン汁 大さじ1
- オリーブオイル 大さじ2
- 野菜スープ 2カップ
- 乾燥オレガノ 小さじ1/2
- 1赤ピーマン、みじん切り
- 玉ねぎ 1/2カップ、みじん切り
- オリーブオイル 大さじ1
- コショウ
- 塩

適応症:

インスタントポットの内なべに油を入れ、沸騰モードにします。玉ねぎを加えて3分炒める。コショウとオレガノを加え、1分間ソテーします。

ご飯とスープを入れてよく混ぜます。蓋をして強火で6分加熱。終了したら、圧力を10分間緩めてから、クイック リリースを使用して残りを解放します。カバーを取り外します。

残りの材料を加えてよく混ぜ合わせます。すぐにサーブしてお楽しみください。

栄養価（100gあたり）：229 カロリー 脂肪 5.1 g 炭水化物 40.2 g タンパク質 4.9 g ナトリウム 210 mg

香草のリゾット

準備時間：10分

調理する時間： 15分

サービング: 4

難易度：中

材料：

- ご飯2杯
- すりおろしたパルメザンチーズ 大さじ2杯
- クリーム 100g
- フレッシュオレガノ 大さじ1（みじん切り）
- みじん切りにしたフレッシュバジル 大さじ1
- 刻んだセージ 大さじ1/2
- 玉ねぎのみじん切り 1個
- オリーブオイル 大さじ2
- にんにく 小さじ1
- 野菜スープ 4カップ
- コショウ
- 塩

適応症:

インスタントポットの内鍋に油を入れ、鍋をクリックして沸騰モードにします。インスタントポットの内鍋ににんにくと玉ねぎを入れ、フライパンを押して炒めます。にんにくと玉ねぎを加えて2〜3分炒める。

パルメザンチーズと生クリーム以外の材料を加えてよく混ぜる。蓋をして強火で12分煮る。

終了したら、10 分間圧力を解放してから、クイック リリースを使用して残りを解放します。カバーを取り外します。クリームとチーズを入れてかき混ぜてお召し上がりください。

栄養価（100gあたり）：514 カロリー 脂肪 17.6 g 炭水化物 79.4 g タンパク質 8.8 g ナトリウム 488 mg

おいしい春のパスタ

準備時間：10分

調理する時間： 4分

サービング: 4

難易度：やさしい

材料：

- ペンネ 250g
- フレッシュレモン汁 大さじ1
- 新鮮なパセリのみじん切り 大さじ2
- スライスアーモンド 1/4カップ
- すりおろしたパルメザンチーズ 1/4カップ
- 14オンス缶のさいの目に切ったトマト
- プラム 1/2カップ
- 1/2 カップのズッキーニ、みじん切り
- アスパラガス 1/2カップ
- にんじん 1/2カップ、みじん切り
- ブロッコリー 1/2 カップ、みじん切り
- 野菜スープ 1 3/4カップ
- コショウ
- 塩

適応症:

スープ、パセリ、トマト、プルーン、ズッキーニ、アスパラガス、ニンジン、ブロッコリーをインスタントポットに加え、よく混ぜます。蓋をして強火で4分。終了したら、クイック リリースを使用して圧力を解放します。カバーを取り外します。他の材料をよく混ぜてお召し上がりください。

栄養価（100gあたり）：303 カロリー 脂肪 2.6 g 炭水化物 63.5 g タンパク質 12.8 g ナトリウム 918 mg

赤玉ねぎとアボカドのティラピア

準備時間：10分

調理する時間： 五分

サービング: 4

難易度：中

材料：

- エキストラバージンオリーブオイル 大さじ1
- 絞りたてのオレンジジュース 大さじ1
- 小さじ1/4のコーシャまたはシーソルト
- 4 (4 オンス) ティラピアの切り身、正方形よりも長方形、皮付きまたは皮付き
- 赤玉ねぎのみじん切り¼カップ
- アボカド1個

適応症:

9インチのガラス製ケーキ型に、油、オレンジ ジュース、塩を入れます。フィレットを同時に行い、それぞれを鍋に入れ、四方から覆います。フィレットを車輪の形に成形します。各フィレにタマネギ大さじ1を置き、フィレの端をタマネギの途中で折ります。完成すると、皿の外側の端に沿って折り目があり、中央に端がある4つの折りたたまれた切り身ができます。

鍋の端を少し開けてラップで包み、蒸気を逃がします。電子レンジで約3分強火で加熱します。準備ができたら、フォークで軽く押すと、小さな断片に分離する必要があります.フィレをアボカドで飾り、サーブします。

栄養価（100gあたり）：200 カロリー脂肪 3 g 炭水化物 4 g タンパク質 22 g ナトリウム 811 mg

焼き魚

準備時間：10分

調理する時間： 10分

サービング: 4

難易度：難しい

材料：

- 魚の切り身 4 枚
- ノンスティッククッキングスプレー
- 中レモン3～4個
- エキストラバージンオリーブオイル 大さじ1
- 小さじ1/4の挽きたての黒コショウ
- 小さじ1/4のコーシャまたはシーソルト

適応症:

フィレを吸収紙で乾かし、室温で10分間放置します。その間、冷たいグリルをノンスティッククッキングスプレーでコーティングし、グリルを400°Fまたは中程度に予熱します.

レモンを半分に切り、半分は取っておきます。そのレモンの残りの半分と残りのレモンを 1/4 インチの厚さのスライスに切ります。（レモンのくさびは約12～16個必要です。）小さなボウルに、取っておいたレモン半分から大さじ1杯のジュースを絞ります。

レモン汁を入れたボウルにサラダ油を入れてよく混ぜます。魚の両面に油をまぶし、こしょうと塩をまんべんなく振りかけます。

レモンのスライスを慎重にグリル (またはワイヤー ラック) に置き、3 ～ 4 枚のスライスをまとめて魚のフィレの形に並べ、残りのスライスについても繰り返します。魚のフィレをレモンスライスの上に直接置き、蓋を閉めて焼きます。（グリルする場合は、大きな蓋またはアルミホイルで覆います。）フィレの厚さが0.5インチを超える場合にのみ、グリル時間の途中で魚を裏返します. フォークで軽く押さえて小さく崩れ始めたら焼き上がりです。

栄養価（100gあたり）：147 カロリー 脂肪 5 g 炭水化物 1 g タンパク質 22 g ナトリウム 917 mg

鍋に魚

準備時間：10分

調理する時間： 10分

サービング: 4

難易度：中

材料：

- ノンスティッククッキングスプレー
- エキストラバージン オリーブ オイル 大さじ2 杯
- バルサミコ酢 大さじ1
- 4 (4 オンス) の魚の切り身 (厚さ 1/2 インチ)
- インゲン豆 2½カップ
- 1リットルのチェリートマトまたはチェリートマト

適応症:

オーブンを 400°F に予熱し、2 枚の大きな天板に焦げ付き防止スプレーを塗ります。小さなボウルに油と酢を混ぜます。脇に置く。各天板に魚を2切れ置きます。

大きなボウルにインゲンとトマトを入れます。オイルとビネガーを注ぎ、軽く混ぜてコーティングします。豆の混合物の半分を一方のトレイの魚の上に注ぎ、残りの半分をもう一方のトレイの魚の上に注ぎます. 魚をひっくり返し、油の混合物にこすりつけてコーティングします。熱風が周りを循環するように、天板に野菜を均等に広げます。

魚が不透明になるまで調理します。フォークで軽く突いたところが崩れ始めたら焼き上がりです。

栄養価（100gあたり）：193 カロリー 脂肪 8 g 炭水化物 3 g タンパク質 23 g ナトリウム 811 mg

クリスピーフィッシュスティック

準備時間：10分

調理する時間：15分

サービング: 4

難易度：難しい

材料：

- 軽く溶いた大きな卵2個
- 2%牛乳 大さじ1
- 1 ポンドの皮なし魚のフィレを 20 片 (幅 1 インチ) にカット
- イエローコーンミール 1/2カップ
- 全粒パン粉パン粉 1/2 カップ
- スモークパプリカ 小さじ¼
- 小さじ1/4のコーシャまたはシーソルト
- 小さじ1/4の挽きたての黒コショウ
- ノンスティッククッキングスプレー

適応症:

大きな縁のある天板をオーブンに入れます。パンを内側にしてオーブンを400°Fに予熱します。大きなボウルに、卵と牛乳を混ぜます。フォークで卵の混合物に魚のストリップを追加し、軽く投げてコーティングします。

コーンミール、パン粉、燻製パプリカ、塩、こしょうを小さなジップロックバッグに入れます。フォークまたはトングを使用して、魚をバッグに移し、余分な卵をボウルに垂らしてから移します. しっかりと閉じて軽く振って、各フィッシュスティックを完全にコーティングします。

オーブンミトンを着用し、熱い鍋をオーブンから慎重に取り出し、焦げ付き防止のクッキングスプレーをスプレーします。フォークやトングを使って袋からお菓子を取り出し、熱したスキレットに入れ、熱風が循環するように隙間を空けて密封します。フォークで軽く圧力をかけると魚がほぐれてサーブされるまで、5〜8分間調理します。

栄養価（100gあたり）：256 カロリー 脂肪 6 g 炭水化物 2 g タンパク質 29 g ナトリウム 667 mg

サーモンの鍋

準備時間：15分

調理する時間： 15分

サービング: 4

難易度：中

材料：

- エキストラバージンオリーブオイル 大さじ1
- にんにくのみじん切り 2片
- 小さじ1杯のスモークパプリカ
- ぶどうまたはミニトマト 1 リットルを 4 等分に切る
- 1 (12 オンス) 瓶のローストした赤唐辛子
- 水 大さじ1
- 小さじ1/4の挽きたての黒コショウ
- 小さじ1/4のコーシャまたはシーソルト
- 1 ポンドのサーモンの切り身、皮なし、8 ピースにカット
- 絞りたてのレモン汁 大さじ1（中くらいのレモン1/2個分）

適応症:

中火で鍋に油を沸騰させます。にんにくと燻製パプリカを加え、絶えずかき混ぜながら1分間調理します。トマト、ローストペッパー、水、黒コショウ、塩を入れてかき混ぜます。中火で

沸騰させ、3分間調理し、調理時間が終わるまでトマトを泡立てる.

サーモンを鍋に入れ、ソースを上からかけます。蓋をして 10 ～ 12 分間 (肉用温度計を使用して 145°F) 調理し、皮をむき始めます。

鍋を火から下ろし、レモン汁で魚に水をまきます。ソースを混ぜ、サーモンを一口大に切る。仕える。

栄養価（100gあたり）： 289 カロリー 脂肪 13 g 炭水化物 2 g タンパク質 31 g ナトリウム 581 mg

トスカーナのツナとズッキーニのバーガー

準備時間：10分

調理する時間：30分

サービング: 4

難易度：中

材料：

- トーストした全粒粉サンドイッチ パン 3 枚
- オリーブオイル漬けのツナ缶 2 (5 オンス)
- 刻んだズッキーニ 1カップ
- 軽く溶いた大きな卵 1 個
- みじん切り赤ピーマン ¼カップ
- 乾燥オレガノ 大さじ1
- レモンの皮 小さじ1
- 小さじ1/4の挽きたての黒コショウ
- 小さじ1/4のコーシャまたはシーソルト
- エキストラバージンオリーブオイル 大さじ1
- サラダまたは全粒粉パン 4 枚（お好みで）

適応症:

1 カップの溶けたパン粉ができるまで、パン粉のトーストを指で砕きます (またはナイフで 1/4 インチの立方体に切ります)。パン粉を大きなボウルに入れます。マグロ、ズッキーニ、卵、コショウ、オレガノ、レモンの皮、黒コショウ、塩を加えます。フォークでよく混ぜます。混合物を4つのミートボール（1/2カップサイズ）に分けます. 皿の上に置き、各パイを約10cmになるまで押します。1インチ。

フライパンに油を中火で熱します。ミートボールを熱した油に加え、中火に弱めます。ミートボールを5分間調理し、フードプロセッサーでひっくり返し、さらに5分間調理します。そのまま食べてもよし、サラダや全粒粉パンにのせてもよし。

栄養価（100gあたり）： 191 カロリー 脂肪 10 g 炭水化物 2 g タンパク質 15 g ナトリウム 661 mg

シチリア黒キャベツとツナ丼

準備時間：15分

調理する時間： 15分

サービング: 6

難易度：中

材料：

- 1ポンドのケール
- エキストラバージンオリーブオイル 大さじ3
- 玉ねぎのみじん切り 1カップ
- みじん切りにしたにんにく 3片
- 1 (2.25 オンス) 缶のスライスし、水気を切ったオリーブ
- ケッパー ¼カップ
- 赤唐辛子小さじ¼
- 砂糖小さじ2
- オリーブオイル漬けのツナ缶 2 (6 オンス)
- カネリーニ豆 1 (15 オンス) 缶
- 小さじ1/4の黒コショウ
- 小さじ1/4のコーシャまたはシーソルト

適応症:

鍋に最大 3 クォートの水を沸騰させます。キャベツを加えて2分煮る。キャベツをふるいにかけ、取っておきます。

空のフライパンをコンロに戻し、中強火にかけ、油を加えます。たまねぎを加え、絶えずかき混ぜながら4分間調理します。にんにくを加えて1分間煮る。オリーブ、ケッパー、刻んだ唐辛子を加え、1分間調理します。最後に、半熟ケールと砂糖を加え、ケールが油で完全に覆われるまでかき混ぜます。鍋を閉じて8分間調理します。

キャベツを火からおろし、ツナ、インゲン、コショウ、塩を加えて出来上がり。

栄養価（100gあたり）：265 カロリー 脂肪 12 g 炭水化物 7 g タンパク質 16 g ナトリウム 715 mg

地中海のタラ

準備時間：10分

調理する時間： 20分

サービング: 6

難易度：中

材料：

- エキストラバージン オリーブ オイル 大さじ 2 杯
- 玉ねぎのみじん切り 2カップ
- みじん切りにしたにんにく 2片
- ¾ 小さじスモークパプリカ
- 1 (14.5 オンス) トマトをさいの目に切ることができます。
- 1 (12 オンス) 瓶のローストした赤唐辛子
- スライスしたオリーブ、グリーンまたはブラック 1 カップ
- 辛口赤ワイン 1/3カップ
- 小さじ1/4の挽きたての黒コショウ
- 小さじ1/4のコーシャまたはシーソルト
- 1 1/2 ポンドのタラの切り身、1 インチ片にカット
- きのこスライス 3カップ

適応症:

鍋で油を沸騰させます。たまねぎを加え、ときどきかき混ぜながら4分間煮る。にんにくと燻製パプリカを加え、絶えずかき混ぜながら1分間調理します。

トマトをジュース、ローストしたピーマン、オリーブ、ワイン、コショウ、塩と混ぜ、中火にかけます。沸騰するまで加熱します。タラとマッシュルームを加え、中火に弱めます。

タラが調理されて簡単にフレークになるまで、時々かき混ぜながら約10分間調理してから提供します.

栄養価（100gあたり）：220 カロリー 脂肪 8 g 炭水化物 3 g タンパク質 28 g ナトリウム 583 mg

ムール貝の白ワインソース蒸し

準備時間：5分

調理する時間：10分

サービング: 4

難易度：難しい

材料：

- ムール貝 2キロ
- エキストラバージンオリーブオイル 大さじ1
- 薄切り赤玉ねぎ 1カップ
- スライスしたにんにく 3片
- 辛口白ワイン1杯
- レモン スライス 2 枚 (厚さ 1/4 インチ)
- 小さじ1/4の挽きたての黒コショウ
- 小さじ1/4のコーシャまたはシーソルト
- 添える生レモンのくし切り（お好みで）

適応症:

シンクの大きなザルで、ムール貝の上に冷水を注ぎます（ただし、ムール貝を立ったままにしないでください）. すべてのシェルはしっかりと閉じている必要があります。少し開いた、またはひびの入った殻を捨てます。ムール貝は、使用するまでストレーナーに入れておきます。

大きな鍋で油を沸騰させます。たまねぎを加え、ときどきかき混ぜながら4分間煮る。にんにくを加え、絶えずかき混ぜながら1分間調理します。ワイン、レモンスライス、コショウ、塩を加えて沸騰させます。2分間調理します。

ムール貝を加えて蓋をする。ムール貝の殻が開くまで煮る。調理中は鍋を2～3回軽く振ってください。

すべてのシェルが大きく開いているはずです。スパチュラの助けを借りて、閉じたムール貝をさらに投げます。開いたムール貝を低いボウルに移し、スープを注ぎます。必要に応じて、追加の新鮮なレモンのくさびを添えてください。

栄養価（100gあたり）：222 カロリー 脂肪 7 g 炭水化物 1 g タンパク質 18 g ナトリウム 708 mg

海老のオレンジとガーリック添え

準備時間：20分

調理する時間： 10分

サービング: 6

難易度：難しい

材料：

- オレンジ大1個
- エキストラバージン オリーブ オイル 大さじ 3 を分けて入れる
- 新鮮なローズマリーのみじん切り 大さじ1
- フレッシュタイムのみじん切り 大さじ1
- にんにく 3片（みじん切り）（小さじ1と1/2程度）
- 小さじ1/4の挽きたての黒コショウ
- 小さじ1/4のコーシャまたはシーソルト
- 生の新鮮なエビ 1 1/2 ポンド (殻をむくか尾を取り除く)

適応症:

柑橘類の皮むき器でオレンジ全体の皮をむきます。オレンジの皮と油大さじ2をローズマリー、タイム、ニンニク、コショウ、塩と混ぜます。えびを入れて袋を閉じ、えびをやさしくもみほぐし、すべての材料を混ぜ合わせ、えびがトッピングで完全に覆われるようにします。脇に置く。

グリドル、グリドル、または大きなフライパンを中火から強火で加熱します。残りの大さじ1杯の油でブラシまたはブラシをかけます。エビの半分を加え、4〜6分、またはエビがピンクと白になるまで調理します。グリルの場合は途中でひっくり返し、フライの場合は毎分かき混ぜます。エビを大きなボウルに移します。繰り返してボウルに入れます。

エビが調理されている間に、オレンジの皮をむき、果肉を細かく切ります。お皿に盛り付け、茹でた海老を添える。すぐにお召し上がりいただくか、冷やして冷やしてお召し上がりください。

栄養価（100gあたり）：190 カロリー脂肪 8 g 炭水化物 1 g タンパク質 24 g ナトリウム 647 mg

海老のオーブン焼き餃子

準備時間：10分

調理する時間： 20分

サービング: 4

難易度：中

材料：

- みじん切りのフレッシュトマト 1カップ
- エキストラバージン オリーブ オイル 大さじ 2 杯
- みじん切りにしたにんにく 2片
- 小さじ½ 挽きたての黒コショウ
- みじん切り赤唐辛子 小さじ¼
- 1 (12 オンス) 瓶のローストした赤唐辛子
- 1ポンドの新鮮な生のエビ、殻と尾を取り除いたもの
- 1ポンドの冷凍餃子（解凍していない）
- さいの目に切ったフェタチーズ ½カップ
- 1/3カップの新鮮なバジルの葉

適応症:

オーブンを 425°F に予熱します。耐熱皿に、トマト、オリーブオイル、にんにく、黒胡椒、刻んだ赤唐辛子を入れます。オーブンで10分間焼きます。

ローストピーマンとエビを追加します。エビがピンクと白になるまで、さらに10分間調理します。

エビが調理されている間に、パッケージの指示に従ってコンロで餃子を茹でます。ザルにあげてあら熱をとる。オーブンからパンを取り出します。調理済みのニョッキ、フェタチーズ、バジルを入れてかき混ぜます。

栄養価（100gあたり）：277 カロリー 脂肪 7 g 炭水化物 1 g タンパク質 20 g ナトリウム 711 mg

スパイシーシュリンププッタネスカ

準備時間：5分

調理する時間： 15分

サービング: 4

難易度：中

材料：

- エキストラバージン オリーブ オイル 大さじ 2 杯
- アンチョビの切り身 3 枚、水気を切り、みじん切りにする
- みじん切りにしたにんにく 3片
- みじん切り赤唐辛子 小さじ½
- 1 (14.5 オンス) 缶入り減塩または無塩のさいの目に切ったトマト、水気を切らない
- ブラックオリーブ 1缶（2.25オンス）
- ケッパー 大さじ2
- 新鮮なオレガノのみじん切り 大さじ1
- 1ポンドの新鮮な生のエビ、殻と尾を取り除いたもの

適応症:

中火で油を沸騰させます。アンチョビ、にんにく、みじん切りのピーマンを入れてかき混ぜます。アンチョビが油に溶けるまで木べらでかき混ぜながら、3分間調理します。

トマトをジュース、オリーブ、ケイパー、オレガノと混ぜます。中火に上げて沸騰させます。

ソースが軽く沸騰したら、エビをかき混ぜます。中火を選択し、ピンク色と白になるまでエビを調理してから、サーブします.

栄養価（100gあたり）：214 カロリー 脂肪 10 g 炭水化物 2 g タンパク質 26 g ナトリウム 591 mg

ツナサンド

準備時間：10分

調理する時間：0分

サービング: 4

難易度：やさしい

材料：

- 絞りたてのレモン汁 大さじ3
- エキストラバージン オリーブ オイル 大さじ 2 杯
- にんにく 1片（みじん切り）
- 小さじ½ 挽きたての黒コショウ
- 2 (5 オンス) ツナ缶、水気を切った
- 1 (2.25 オンス) 缶のスライスしたオリーブ
- みじん切りにした新鮮なフェンネル ½ カップ（葉を含む）
- サクサクの全粒粉パン 8 枚

適応症:

レモン汁、油、にんにく、こしょうを混ぜ合わせる。ツナ、オリーブ、フェンネルを加える。まぐろはフォークでほぐし、全体を混ぜ合わせます。

ツナサラダを食パン4枚に均等に挟みます。残りのパンのスライスでそれぞれを覆います。サーブする前に、ピリッとしたフィリングがパンに染み込むように、サンドイッチを少なくとも5分間休ませます。

栄養価（100gあたり）：347 カロリー 脂肪 17 g 炭水化物 5 g タンパク質 25 g ナトリウム 447 mg

ディルとサーモンのサラダ

準備時間：10分

調理する時間： 10分

サービング: 6

難易度：やさしい

材料：

- 1 ポンドのサケの切り身、調理してスライス
- さいの目に切ったにんじん 1/2カップ
- セロリのみじん切り½カップ
- 新鮮なディルのみじん切り 大さじ3
- 赤玉ねぎのみじん切り 大さじ3
- ケッパー 大さじ2
- エキストラバージン オリーブ オイル 大さじ 1.5 杯
- 熟成バルサミコ酢 大さじ1
- 小さじ½ 挽きたての黒コショウ
- 小さじ1/4のコーシャまたはシーソルト
- 全粒粉ラップまたは全粒粉トルティーヤ 4 枚

適応症:

サーモン、ニンジン、セロリ、ディル、赤玉ねぎ、ケッパー、油、酢、コショウ、塩を入れてかき混ぜます。フォカッチャの間にサーモンサラダを分けます。フラットブレッドの底を折り、丸めてサーブします。

栄養価（100gあたり）：336 カロリー 脂肪 16 g 炭水化物 5 g タンパク質 32 g ナトリウム 884 mg

白ハマグリのパイ

準備時間：10分

調理する時間： 20分

サービング: 4

難易度：難しい

材料：

- 1ポンドの冷やした新鮮なピザ生地
- ノンスティッククッキングスプレー
- エキストラバージン オリーブ オイル 大さじ 2 杯
- にんにく 2片（みじん切り）（小さじ1程度）
- みじん切り赤唐辛子 小さじ½
- アサリ全体の 10 オンス缶、水気を切ったもの
- ¼カップ辛口白ワイン
- 万能粉 ふりかけ用
- さいの目に切ったモッツァレラチーズ 1 カップ
- ペコリーノ ロマーナまたはすりおろしたパルメザン チーズ 大さじ 1 杯
- 生パセリのみじん切り 大さじ1（イタリアン）

適応症:

オーブンを華氏 500 度に予熱します。幅の広い天板にノンスティック スプレーを塗ります。

大きな鍋に大さじ1杯半の油を熱します。にんにくとみじん切りのコショウを加え、にんにくが焦げないように絶えずかき混ぜながら1分間調理します。予約したあさりの汁とワインを加える。強火で沸騰させます。火を中火に弱め、時々かき混ぜながらソースを煮詰め、10分間煮ます。ソースが煮えてとろみが出ます。

あさりを加え、ときどきかき混ぜながら3分ほど煮る。ソースを調理している間、軽く打ち粉をした表面で、めん棒を使用するか手で伸ばして、12 インチの円または 10 x 12 インチの長方形を形成します。準備したパンに生地を入れます。残りの大さじ½の油で生地をコーティングします。あさりのソースが出来上がるまで置いておきます。

準備したパスタの上にクラムソースを端から 1/2 インチまで広げます。モッツァレラチーズをトッピングし、ペコリーノ・ロマーノを散らす。

10分間焼きます。ピザをオーブンから取り出し、木の板の上に置きます。パセリを散らし、ピザカッターまたは鋭利なナイフで8つに切り、サーブする.

栄養価（100gあたり）：541 カロリー 脂肪 21 g 炭水化物 1 g タンパク質 32 g ナトリウム 688 mg

ベイクドビーンズの魚料理

準備時間：10分

調理する時間： 10分

サービング: 4

難易度：やさしい

材料：

- バルサミコ酢 大さじ1
- インゲン豆 2½カップ
- 1リットルのチェリートマトまたはチェリートマト
- タラやティラピアなどの魚の切り身 4 枚 (各 4 オンス)
- オリーブオイル 大さじ2

適応症:

オーブンを400度に予熱します。2枚の天板に少量のオイルまたはオイルスプレーを塗ってください。各シートに2つの魚の切り身を配置します。油と酢をボウルに注ぎます。互いによく混ざるように団結します。

緑豆とトマトをかき混ぜます。互いによく混ざるように団結します。2 つの混合物を互いによく混ぜます。混合物を魚の切り身に均等に加えます。魚が不透明になり、簡単にバラバラになるまで、6〜8分間調理します。熱いうちに。

栄養価（100gあたり）：229 カロリー 脂肪 13 g 炭水化物 8 g タンパク質 2.5 g ナトリウム 559 mg

鱈のきのこ煮込み

準備時間：10分

調理する時間： 20分

サービング: 6

難易度：やさしい

材料：

- エキストラバージン オリーブ オイル 大さじ 2 杯
- みじん切りにしたにんにく 2片
- トマト缶 1缶
- 玉ねぎのみじん切り 2カップ
- ¾ 小さじスモークパプリカ
- ローストした赤ピーマンの 12 オンス瓶
- 辛口赤ワイン 1/3カップ
- 小さじ1/4のコーシャまたはシーソルト
- 黒コショウ 小さじ¼
- ブラックオリーブ 1カップ
- 1 1/2 ポンドのタラの切り身、1 インチ片にカット
- きのこスライス 3カップ

適応症:

中型のフライパンを用意し、油を中火で熱します。玉ねぎを加え、フライパンで4分煮る。にんにくと燻製パプリカを加える。絶えずかき混ぜながら1分間調理します。トマトにジュース、ローストペッパー、オリーブ、ワイン、コショウ、塩を加えます。やさしく混ぜます。混合物を沸騰させます。タラとキノコを追加します。熱を中程度に下げます。タラがフレークになるまで閉じて調理し、その間にかき混ぜます。熱いうちに。

栄養価（100gあたり）：238 カロリー 脂肪 7 g 炭水化物 15 g タンパク質 3.5 g ナトリウム 772 mg

スパイシーメカジキ

準備時間：10分

調理する時間： 15分

サービング: 4

難易度：中

材料：

- メカジキのステーキ 4 枚 (各 7 オンス)
- 小さじ1/2の黒コショウ
- 皮をむいたにんにく 12片
- 塩 小さじ3/4
- 小さじ1と1/2の挽いたクミン
- パプリカ小さじ1
- 小さじ1杯のコリアンダー
- レモン汁 大さじ3
- オリーブオイル 1/3カップ

適応症:

ブレンダーまたは多目的ブレンダーを用意し、ふたを開けてメカジキ以外のすべての材料を加えます。ふたを閉めて均一になるように混ぜます。魚のステーキを乾かします。準備したスパイスミックスで均一にコーティングします。

それらをホイルに追加し、カバーして1時間冷蔵します。グリルを強火で熱し、油を入れて火にかけます。魚のステーキを追加します。フライパンで片面5～6分ずつ焼き色がつくまで焼きます。熱いうちに。

栄養価（100gあたり）：255 カロリー 脂肪 12 g 炭水化物 4 g タンパク質 0.5 g ナトリウム 990 mg

アンチョビのパスタマニア

準備時間：10分

調理する時間：20分

サービング: 4

難易度：やさしい

材料：

- アンチョビフィレ 4枚、オリーブオイル漬け
- 1/2 ポンドのブロッコリー、1 インチの小花に切る
- スライスしたにんにく 2片
- 全粒粉ペンネ 1kg
- オリーブオイル 大さじ2
- すりおろしたパルメザン チーズ 1/4 カップ
- 塩こしょう 適量
- 赤唐辛子フレーク 適量

適応症:

パッケージの指示に従ってパスタを調理します。排水して予約します。中型の鍋またはフライパンを取り、油を加えます。中火で加熱します。アンチョビ、ブロッコリー、にんにくを加え、野菜が柔らかくなるまで鍋で 4 ～ 5 分煮ます。暑さから削除; 生地をこねます。パルメザン チーズ、赤唐辛子のフレーク、塩、コショウを上に振りかけます。

栄養価（100gあたり）：328 カロリー 脂肪 8 g 炭水化物 35 g タンパク質 7 g ナトリウム 834 mg

海老とにんにくのパスタ

準備時間：10分

調理する時間： 15分

サービング: 4

難易度：やさしい

材料：

- 1ポンドのエビ、皮をむいて内臓を取り除く
- みじん切りにしたにんにく 3片
- 玉ねぎのみじん切り 1個
- お好みの全粒粉パスタまたは豆 1 パック
- オリーブオイル 大さじ4
- 塩こしょう 適量
- バジル 1/4カップ、細切りにする
- 低ナトリウムチキンブロス 3/4カップ

適応症:

パッケージの指示に従ってパスタを調理します。すすいで予約します。中火のフライパンに油をひき、中火で熱します。玉ねぎ、にんにくを加えて、半透明で香りが出るまで鍋で3分間調理します。

エビ、黒コショウ（挽いたもの）、塩を加えます。エビが不透明になるまでフライパンで3分間調理します。スープを加えてさらに2～3分煮る。サービングボウルに麺を追加します。上にエビの混合物を追加します。上にバジルを添えて熱いうちに出してください。

栄養価（100gあたり）：605 カロリー 脂肪 17 g 炭水化物 53 g タンパク質 19 g ナトリウム 723 mg

オレンジフィッシュミール

準備時間：10分

調理する時間： 五分

サービング: 4

難易度：やさしい

材料：

- 小さじ1/4のコーシャまたはシーソルト
- エキストラバージンオリーブオイル 大さじ1
- オレンジジュース 大さじ1
- ティラピアの切り身 4 枚（皮付きまたは皮なし）
- 赤玉ねぎのみじん切り¼カップ
- アボカド 1 個、種を取り、皮をむき、スライスする

適応症:

9 インチのグラタン皿を用意します。オリーブオイル、オレンジジュース、塩を加えます。よく一致します。魚のフィレを加えてよく覆います。魚のフィレにタマネギを追加します。透明フィルムで覆います。魚に火が通ってフレーク状になるまで、電子レンジで 3 分間加熱します。スライスしたアボカドを上にのせて熱々をお召し上がりください。

栄養価（100gあたり）：231 カロリー 脂肪 9 g 炭水化物 8 g タンパク質 2.5 g タンパク質 536 mg

シュリンプ・ズードルズ

準備時間：10分

調理する時間： 五分

サービング: 2

難易度：やさしい

材料：

- パセリのみじん切り 大さじ2
- にんにくのみじん切り 小さじ2
- 小さじ1杯の塩
- 黒こしょう 小さじ½
- 2 つのミディアム スパイラルズッキーニ
- 3/4 ポンドのミディアム シュリンプ、皮をむいて内臓を取り除く
- オリーブオイル 大さじ1
- レモンを絞ってすりおろしたもの 1個

適応症:

中型の鍋または鍋に、油、レモン汁、レモンの皮を加えます。中火で加熱します。えびを加え、フライパンで片面1分ずつ焼きます。にんにくと赤唐辛子のフレークをさらに 1 分間炒めます。ズードルを加えて軽く混ぜます。十分に調理されるまで3分間調理します。よく味付けし、パセリを上に乗せて熱いうちに出してください。

栄養価（100gあたり）：329カロリー脂肪12g炭水化物11g タンパク質3gナトリウム734mg

アスパラガス粉

準備時間：10分

調理する時間： 20分

サービング: 4

難易度：やさしい

材料：

- マスの切り身2キロ
- 1ポンドのアスパラガス
- 塩、白こしょう 適量
- オリーブオイル 大さじ1
- 細かく刻んだにんにく 1片
- エシャロット 1本 薄切り（緑と白の部分）
- 薄切りにしたミディアム ロースト ポテト 4 個
- ローマトマトのみじん切り 2個
- カラマタオリーブ 8個（みじん切り）
- 薄くスライスした大きなニンジン 1 本
- 乾燥パセリ 大さじ2
- クミン ¼カップ
- パプリカ 小さじ2
- 野菜ソース 大さじ1
- 辛口白ワイン 1/2 杯

適応症:

魚の切り身、白コショウ、塩をボウルに加えます。互いによく混ざるように団結します。中型の鍋またはフライパンを取り、油を加えます。中火で加熱します。アスパラガス、じゃがいも、にんにく、エシャロットの白い部分を加え、フライパンで4～5分柔らかくなるまで煮る。トマト、ニンジン、オリーブを加えます。フライパンで6～7分、柔らかくなるまで煮る。クミン、パプリカ、パセリ、スープソース、塩を加える。混合物をよく混ぜます。

白ワインと魚のフィレをかき混ぜます。弱火で蓋をして、時々かき混ぜながら、魚が簡単にほぐれ始めるまで約6分間調理します。チャイブを上に乗せて熱々でお召し上がりください。

栄養価（100gあたり）：303 カロリー 脂肪 17 g 炭水化物 37 g タンパク質 6 g ナトリウム 722 mg

CPSIA information can be obtained
at www.ICGtesting.com
Printed in the USA
LVHW022317310323
743149LV00015B/1520

9 781783 813476